PIERRE LONGIN

Apprenez à mieux vous connaître

PNL et ennéagramme

DUNOD

Ingénieur de l'École Nationale des Ponts et Chaussées, maître praticien certifié en programmation neurolinguistique et en hypnose éricksonnienne, **Pierre Longin** a été pendant près de vingt ans directeur technique pour la France d'une société internationale de prestations de services. Il a créé RFC-LEADER, une société de formation et de conseil aux entreprises.

Du même auteur :
Fêtes nouvelles pour un monde nouveau, éditions Droguet Ardant, 1983 (avec Pierre-Yves Pecqueux).

Chez le même éditeur :
Agir en leader avec la programmation neurolinguistique, 1993.

ISBN 2 10 002834 0

Table des matières

Avant-propos VII

Première partie
Comment fonctionne le cerveau ?

1. Des rappels et des découvertes récentes 3
   1. Structure du système nerveux 4
   2. Des hypothèses de fonctionnement global 6

2. Chez vous, qui tient la barre ? 15
   1. Les trois centres énergétiques : tête, cœur et corps 16
   2. Test : Quel est votre centre énergétique privilégié ? 20

Deuxième partie
La programmation neurolinguistique

3. Communiquer avec la programmation neurolinguistique 29
   1. Notion d'index de la conscience 29
   2. Se centrer sur soi ou se centrer sur l'autre 31
   3. Pratiquer l'écoute active 31
   4. Négocier des objectifs exigeants et réalistes 33

4. Quels programmes mettez-vous en œuvre ? 37
   1. Les programmes de sélection de l'information 38
   2. Les programmes de traitement de l'information 42
   3. Les programmes d'évaluation de l'information 45
   4. Les programmes liés au temps 52

5. Une recherche à partir de vos émotions : « Qu'est-ce qui vous fait vivre ? » 55
1. Comment apprivoiser vos émotions ? 56
2. Découvrez ce qui vous fait vivre 62

6. La ligne du temps 73
1. Comment avez-vous intégré le temps ? 74
2. Prenez conscience de votre ligne du temps et utilisez-la 75

7. Optimisez votre communication interne 83
1. Comment naissent les conflits à l'intérieur de vous-même ? 83
2. Comment connaître vos diverses parties et leur apprendre à vivre en équipe ? 84

Troisième partie
L'ennéagramme

8. L'ennéagramme : légende et présentation 93
1. L'ennéagramme, une très longue histoire 95
2. L'ennéagramme, un outil très moderne 96
3. Première présentation sommaire des bases 99

9. Comment adoptons-nous telle base ? 101
1. Prendre de la liberté par rapport à ses pulsions 102
2. Les souvenirs d'enfance des différentes bases 103

10. Les caractéristiques de chaque base 111
1. Le déséquilibre des centres énergétiques 112
2. Les comportements fréquents de chaque base 115
3. Ennéagramme et utilisation du temps 118
4. Test : Selon votre mode d'utilisation du temps, quelle est votre base dominante ? 123

11. Ennéagramme et PNL 127
1. Ennéagramme et métaprogrammes 128
2. Ennéagramme et critères 132
3. Ennéagramme et croyances 137
4. Ennéagramme et gestion des émotions 138

Quatrième partie
Les utilisations pratiques

12. Trouvez les programmes de vos interlocuteurs et aidez-les à évoluer 145
1. Dressez la carte des programmes préférentiels de vos interlocuteurs 146
2. Comment aider vos interlocuteurs à assouplir certains programmes ? 152

13. Trouvez la configuration d'ennéagramme de vos interlocuteurs et la vôtre 157
1. Recherche à partir du texte d'une interview 158
2. Recherche à l'aide des tests 164
3. Recherche à l'aide d'une interview 165

14. Comment évoluer avec l'ennéagramme ? 169
1. L'ennéagramme, un parcours fléché incontournable 170
2. L'ennéagramme, une dynamique volontaire 176

15. Avec l'ennéagramme, prévoyez l'entente et aidez chacun à progresser 183
1. Prévoir l'entente 184
2. S'entraider pour progresser 190

Conclusion 195

Lexique 197

Bibliographie 205

Avant-propos

« Connais-toi toi-même
et tu connaîtras l'univers. »
Socrate

Il y a un peu plus de dix ans, je suivais un stage animé par Daniel Grosjean et intitulé : « Connaître son impact et développer son potentiel ». Daniel, formé à la *Gestalt* et grand découvreur lui-même, nous faisait dessiner les situations de la vie courante et le groupe des stagiaires – et lui-même – décryptaient les messages que contenaient nos représentations. Pour l'ingénieur rompu à l'analyse et aux calculs en tout genre que j'étais à l'époque, j'écarquillais les yeux ! Ainsi nous possédions – je possédais, moi aussi – des possibilités de fonctionnement très différentes et, quelque part, gisaient des ressources et du potentiel en jachère !

Et c'est ainsi qu'à un âge qu'on pourrait caractériser « d'avancé », j'ai commencé progressivement une carrière de formateur... en développement personnel : rien de tel qu'un converti pour exprimer haut et fort sa foi ! Dans une première phase, j'ai assumé en même temps deux métiers, celui de responsable technique d'une société internationale de prestation de service, ce que j'étais déjà, et celui de formateur. Et, contrairement à ce qu'on aurait pu croire, ces deux métiers cohabitaient fort bien chez moi et s'épaulaient l'un l'autre.

À la suite du stage de Daniel, j'ai entrepris le cursus d'entraînement de la programmation neurolinguistique, dont j'écrivais dans *Agir en leader avec la programmation neurolinguistique* qu'il s'agissait « d'un ensemble d'outils utiles à tous ceux qui veulent parvenir à l'excellence humaine ». Aujourd'hui, plus de trente livres sont parus en français sur la PNL, comme on l'appelle maintenant de manière courante. Des milliers de personnes se sont formées à cet art martial. Et ce n'est certainement qu'un début.

Parmi tous ces ouvrages, plusieurs mettent l'accent sur l'amélioration prodigieuse que cette boîte à outils amène dans la communication, d'autres développent les applications thérapeutiques ou les techniques les plus adaptées à la vie en entreprise. D'autres encore enrichissent la pédagogie des maîtres, à l'école. Certains auteurs ont adapté la PNL dans des secteurs particuliers comme l'achat, la vente, le recrutement, la définition des objectifs, etc. Bref, la PNL est encore loin d'être figée. D'ailleurs, serait-elle adaptée à la vie si elle l'était ?

Mais, devant cette panoplie d'outils tous plus merveilleux les uns que les autres, je n'ai pas manqué de mettre en pratique le fameux programme *mismatch* cher à beaucoup de « PNListes ». Pourquoi n'y a-t-il aucune synthèse ? Certes, derrière la PNL, et indissociablement liée, se profile une éthique et nous allons y revenir dans un instant, mais, pour moi, il manquait une synthèse, une sorte d'aperçu global de la personnalité. En somme, puisque la PNL me donnait l'occasion de développer mon « cerveau droit », pourquoi ne pas aller... plus loin ?

Je ne sais pas si Anné Linden, co-fondatrice du New York Training Institute for NLP, s'est posée la question en ces termes. Il est clair cependant que, dans son esprit, la PNL et l'ennéagramme forment un ensemble cohérent. Françoise Cavé et Dominique Laugero, du Centre d'application de la PNL, formés à son enseignement, l'ont suivie dans cette voie. Ils ont apporté et développent des compléments à cette typologie à la fois ancienne – elle a été créée par les soufis au Moyen Âge – et très moderne – elle est enseignée aux États-Unis depuis une quinzaine d'années et en France depuis moins de cinq ans.

Avec la PNL et l'ennéagramme, nous sommes en possession des outils et de la boîte. Et l'ensemble sous-tend une même philosophie, une même éthique qu'on peut résumer en quatre points fondamentaux.

Le premier point concerne la **perception du monde** dans lequel nous sommes. Nous savons depuis Alfred Korzybski[1], que « la carte n'est pas le territoire ». En d'autres termes, nous appréhendons la

1. Alfred Korzybski (1879-1950) est un ingénieur polonais qui a vécu aux États-Unis. Il a travaillé sur le fonctionnement de l'esprit humain et, notamment, les rapports avec le langage.

réalité autour de nous avec nos cinq sens. Mais nous ne retenons qu'un nombre limité d'informations, celles que nous jugeons utiles pour nous. Nous en déformons d'autres et nous en généralisons beaucoup sans même vérifier. Or, nous faisons toujours les mêmes omissions, les mêmes déformations et les mêmes généralisations. Nous constituons ainsi, chacun, un *modèle du monde* qui nous est propre. Comme une bonne carte routière, le modèle que nous proposent la PNL et l'ennéagramme est précis, il nous donne des choix d'itinéraires fiables. Il néglige les chemins non carrossables et les voies sans issues.

Le deuxième point concerne la **vision de l'homme**. Pour la PNL et l'ennéagramme, chaque être humain possède en lui toutes les ressources dont il a besoin pour faire les changements qu'il désire et atteindre ses objectifs. Ils lui donnent précisément les moyens de trouver ces ressources dès qu'il en a besoin. Dans cette vision de l'homme, ils présupposent aussi que « tout comportement, quel qu'il soit, est sous-tendu par une intention positive de son auteur ». Ce qui signifie, d'une part qu'il n'y a pas d'acte gratuit, de comportement qui ne serve à rien et, d'autre part, qu'un comportement si inadapté, si odieux soit-il, répond à un besoin de la personne pour se protéger, s'affirmer, éviter un danger supposé, etc. De plus, ce comportement est le meilleur choix qu'elle pouvait faire, au moment où elle a agi. On peut comprendre une personne sans approuver nécessairement tout ce qu'elle fait. Mais, si vous cherchez la fonction que remplit, pour elle, le comportement en cause, vous pourrez l'aider à en trouver d'autres, plus adaptés.

Le troisième point concerne le **fonctionnement de l'homme**. Tête, cœur et corps sont des aspects d'un même système cybernétique et s'influencent réciproquement à l'intérieur de chacun d'entre nous. Il en est de même de toutes les *parties* qui nous habitent. Nous avons tous plus ou moins développé une partie créative, une partie tradition, une partie rêves... et quelques dizaines d'autres. La PNL et l'ennéagramme font l'hypothèse que le nombre de ces parties, constituant de réelles sous-personnalités, est limité à trois ou quatre. Apprendre à dialoguer avec celles-ci et à déléguer la direction du navire à celle qui est la plus compétente en la circonstance, c'est s'entraîner à la *flexibilité*. C'est une capacité hautement recommandable.

Le quatrième point, enfin, concerne la **nature des relations que nous entretenons**. La PNL et l'ennéagramme nous permettent *d'atteindre nos objectifs tout en préservant les intérêts de nos interlocuteurs*. En somme, nos interactions sont du type gagnant/gagnant. C'est un postulat pragmatique. On peut abuser quelqu'un, une fois. Si celui-ci est distrait ou pas très futé, on peut l'abuser deux fois. Mais, la troisième fois, il prendra sa revanche. Ce simple fait d'expérience suffit à justifier le parti pris des créateurs de ces outils. Il est important aussi de se rendre compte que le processus de changement que nous entreprenons avec eux est irrésistible et continu. Nous apprenons en permanence, et ce faisant, nous nous adaptons à l'environnement turbulent et incertain qui caractérise notre époque. Enfin, l'échec n'existe pas. Tout au plus peut-on parler d'erreur. Et celle-ci est inévitable. Elle est une étape nécessaire sur le chemin de l'apprentissage. Donc de la réussite.

Je vous invite à prendre connaissance de ce livre, de préférence, dans l'ordre des chapitres. Après une première partie introductive qui rappelle quelques éléments du fonctionnement du cerveau, vous découvrirez, en deuxième partie, l'essentiel des notions et des techniques de la PNL, en tant qu'outil de connaissance de soi et de changement. Vous y trouverez très peu de développement en ce qui concerne la communication. Pour cela, vous pouvez lire *Agir en leader avec la programmation neurolinguistique*, paru en 1993, aux éditions Dunod. En revanche, le cadre du temps, le *métamessage* des émotions et le dialogue interne entre *parties*, font l'objet de développements importants. La troisième partie vous initiera à la typologie de l'ennéagramme et vous montrera ses rapports avec la PNL. Enfin, la dernière partie vous permettra de mieux vous connaître, vous-même et vos proches, et d'entreprendre, pour vous, la dynamique de changement que vous souhaitez et/ou d'aider vos proches à le faire.

Partie 1
Comment fonctionne le cerveau ?

« La plupart des êtres humains sont prisonniers de leur propre cerveau.
C'est comme s'ils étaient enchaînés au fond d'une barque
et que quelqu'un d'autre était à la barre.
Si vous ne donnez pas quelques directives à votre cerveau,
soit il fonctionnera de lui-même au hasard,
soit d'autres personnes trouveront les façons de le faire fonctionner
pour vous – et pas toujours dans le meilleur de vos intérêts. »
Richard Bandler, *Un cerveau pour changer*.

Le cerveau est un organe très complexe. Si complexe qu'à la fin du deuxième millénaire de notre ère, nous ne connaissons encore de son fonctionnement que les tout premiers balbutiements. Quand une chose est complexe et quand on la connaît mal, il est courant d'utiliser des métaphores : « c'est un peu comme... » Et celle qui vient tout de suite à l'esprit, c'est de comparer le cerveau à un ordinateur. Il est vrai qu'il y a des analogies. En voici une : les neurones sont connectés en *assemblées de neurones* pour constituer les *programmes* automatiques, innés ou appris, tels que le geste précis pour prendre un objet, la marche debout, l'équilibre dynamique à vélo, etc.

Mais toute métaphore a ses limites. Vous pouvez changer le programme d'un ordinateur, quand il ne vous convient plus. Il vous suffit de mettre une disquette qui efface les programmes précédents et en installe d'autres. Pouvez-vous retirer aussi facilement de la mémoire de votre cerveau les souvenirs désagréables ? Dans une certaine mesure, oui. Votre système limbique s'en charge. Mais pouvez-vous faire disparaître aussi facilement une phobie ou une stratégie perdante ? Une de celles qui vous font dire parfois : « Dans une telle situation ou avec lui, c'est toujours pareil, je ne m'en sors jamais ! Pourquoi Lise y arrive-t-elle mieux ? » Une des différences, aussi, est que votre cerveau vous a été livré, avec tous ses programmes de base, sans mode d'emploi. Et comme tout le monde, vous vous êtes contenté des résultats. Puisque « ça marchait »...

Dans ces conditions, il serait prétentieux – et illusoire – de vouloir décrire, en quelques pages, « le » fonctionnement du cerveau. Aussi, trouverez-vous seulement, dans les pages qui suivent, quelques notions utiles pour la suite. Vous découvrirez aussi combien certaines de ces découvertes confirment le bien-fondé d'outils aussi pragmatiques que ceux de la programmation neurolinguistique, créée vers les années 70, et l'ennéagramme qui date, sans doute, du premier millénaire de notre ère.

Chapitre 1
Des rappels et des découvertes récentes

> « Si notre cerveau était si simple
> que nous puissions le comprendre,
> nous serions nous-mêmes si simples
> que nous ne pourrions le comprendre. »
> Lyall Watson

Il y a quatre millions d'années apparaît, sur terre, un être qui ressemble plus ou moins à l'homme actuel. Environ un pour cent de ses gènes le distingue de l'animal le plus proche. Pour assurer sa subsistance, il se conduit comme tous les autres animaux, en prédateur. Pour assurer sa survie, il se fait un territoire et le défend, avec ses bras et ses ongles. Piètres outils de défense contre les animaux sauvages d'alors. Ce qui le distingue de tous les autres, c'est que, petit à petit, l'homme se confectionne des armes. Puis des outils pour cultiver la terre. En somme, l'homme se différencie radicalement. Seul au monde à savoir le faire.

Pourquoi lui seul ? Est-il donc équipé d'une boîte noire plus performante que celle des autres espèces ? Les réponses à la première question sont très incertaines. Pour longtemps encore. A la seconde question, la réponse est oui. Sans hésiter !

L'homme, doué d'imagination, d'esprit d'organisation et capable de langages très élaborés, établit des lois, ses lois, auxquelles il se conforme, au moins à peu près. Il fait confiance aux dieux, puis à Dieu, à la science ou aux philosophies. Mais, il est tenté aussi parfois de fuir dans des utopies ou vers des paradis artificiels.

1. Structure du système nerveux

Dans le domaine de la neurobiologie, les toutes premières connaissances sont très anciennes : on pratiquait déjà la trépanation du cerveau sous les pharaons plus d'un millénaire avant Jésus-Christ. Avec plus ou moins de succès, il est vrai... Mais, les découvertes importantes sont très récentes. Elles ont moins d'un siècle.

Le câblage

Le câblage est constitué de nerfs, cordons cylindriques blanchâtres qui relient les centres nerveux aux organes qu'ils desservent ou dont ils recueillent les informations. Les nerfs sont composés de « fils électriques », les *neurones* et de « raccords », appelés *synapses*.

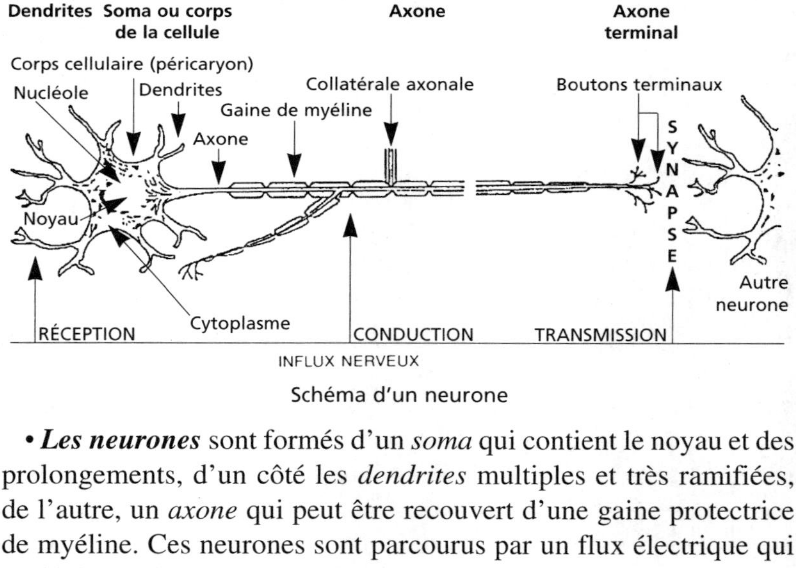

Schéma d'un neurone

• ***Les neurones*** sont formés d'un *soma* qui contient le noyau et des prolongements, d'un côté les *dendrites* multiples et très ramifiées, de l'autre, un *axone* qui peut être recouvert d'une gaine protectrice de myéline. Ces neurones sont parcourus par un flux électrique qui se déplace à la vitesse de la lumière.

• ***Les synapses*** servent de connexions entre les neurones ou entre ceux-ci et d'autres organes comme les muscles. Le flux électrique porté par une dendrite ou un axone finit toujours par se heurter à une synapse et la transmission du signal, ou son inhibition, est assurée alors par des substances chimiques, les *neurotransmetteurs*. La chimie prend le relais de l'électricité. Certains de ces transmetteurs sont bien connus. Citons au moins l'adrénaline, le cortisol (qui interviennent dans le stress), la dopamine et l'acétylcholine.

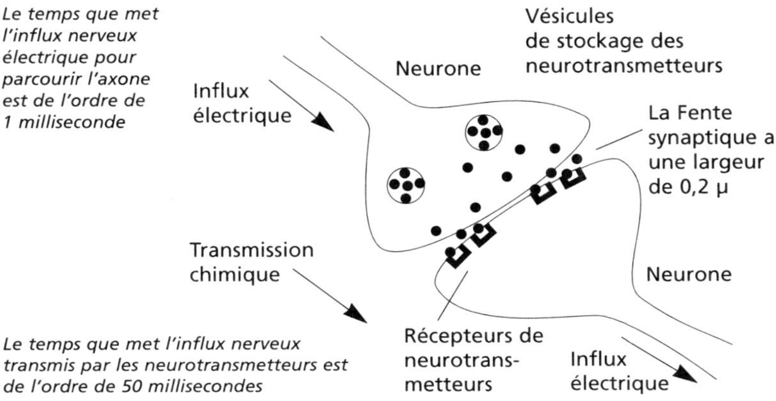

Schéma d'une synapse chimique

Le temps mis par l'influx nerveux pour parcourir l'axone est de l'ordre de la milliseconde, tandis que le temps mis pour traverser la synapse est de l'ordre de cinquante millisecondes.

L'encéphale

L'encéphale, c'est-à-dire tout ce qui est dans le crâne, comporte le tronc cérébral, le cervelet et le cerveau proprement dit (voir schéma page suivante).

• Le *tronc cérébral*, terminaison de la moelle épinière dans le cerveau, conduit l'information nerveuse de presque tout le corps au cerveau par le *thalamus*. Il régit le rythme cardiaque, la respiration, les cycles du sommeil, la faim et la soif. *L'hypothalamus*, situé à la jonction entre le tronc cérébral et le cerveau, est un centre essentiel. Nous aurons l'occasion d'en parler plus tard. C'est de là que sont lancés la plupart des programmes innés.

• Le *cervelet,* situé à l'arrière et sous le cerveau, coordonne les mouvements de nos muscles. Il est le maître d'œuvre quand nous saisissons quelque chose avec le bras, quand nous marchons ou faisons des mouvements complexes comme du saut à la perche ou un slalom à ski. C'est notre pilote automatique qui mémorise avec précision nos apprentissages corporels.

• Le *cerveau* est constitué de *deux hémisphères* à peu près symétriques, le gauche et le droit, réunis par un ensemble de fibres innombrables (plus de 200 millions) appelées le *corps calleux*.

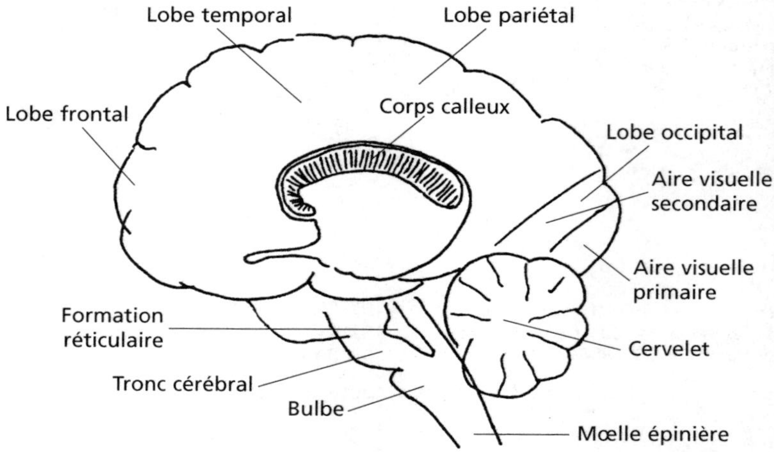

Les zones de l'encéphale (coupe entre les deux hémisphères)

2. Des hypothèses de fonctionnement global

Tout organisme évolué utilise son cerveau pour agir sur son environnement. Le rôle fondamental de ce cerveau est de procurer l'équilibre de l'organisme auquel il appartient. C'est cet équilibre que nous appelons bien-être, paix, sérénité, etc. Certains groupes de neurones sont sensibles aux variations de l'environnement transmises par les organes des sens. D'autres sont sensibles à l'équilibre physico-chimique du milieu intérieur et le traduisent en besoins à satisfaire : faim, soif, besoin de copuler, etc.

Muni de ces informations internes et externes – où l'interne prédomine –, le cerveau déclenche une activité musculaire pour rétablir l'équilibre. Suivant l'évolution de l'être vivant dans l'échelle des espèces, son cerveau est en mesure de répondre :
– de manière stéréotypée : c'est le cas pour les reptiles ;
– en tenant compte des expériences passées grâce au processus de mémorisation : c'est le cas pour les mammifères,
– en assemblant le puzzle des informations qui parviennent aux aires sensorielles et associatives du cortex cérébral pour constituer des objets, élaborer des concepts et se donner des stratégies et des valeurs. On aboutit alors au summum de la notion d'acquis et non plus d'inné : c'est le propre de l'homme.

Un cerveau qui récapitule l'évolution des espèces

Cette approche est due au chercheur américain, Paul D. MacLean, qui la propose à partir de 1949. Au cours de son évolution à travers les millénaires, le cerveau de l'être vivant s'est transformé en gardant tous les acquis des étapes animales antérieures. « L'homme se trouve dans cette situation complexe : la nature l'a doté essentiellement de trois cerveaux qui, en dépit de grandes différences de structure, doivent fonctionner ensemble et communiquer entre eux. Le plus ancien, le cerveau de base, est reptilien, le deuxième est un héritage des mammifères primitifs et le troisième est un développement récent du type mammifère. C'est ce dernier qui, chez les primates, au point culminant de son développement, a tout spécialement donné l'homme. »[1] Notons qu'il s'agit davantage d'un modèle structural que d'un modèle fonctionnel.

➤ *Le cerveau primitif ou reptilien*

C'est tout ce que l'homme possédait lorsqu'il n'était encore que poisson ou reptile, tel le dinosaure, il y a deux cent cinquante millions d'années. Ce cerveau correspond aujourd'hui au tronc cérébral et à la formation réticulaire. Ce cerveau gère les programmes livrés avec l'appareil, c'est-à-dire innés. Ce sont, pour l'essentiel *des programmes de survie*, immuables, insensibles aux expériences vécues. Seule, la mémoire ultra-courte passe par ce cerveau. Là se trouvent les réflexes de fuite ou combat face au stress, ainsi qu'une bonne partie de la mise en œuvre du langage non verbal, dont tout n'est pas sous notre maîtrise.

Ce cerveau-là ne sait ni innover, ni faire face à une situation nouvelle, et n'accepte pas qu'on soit différent de lui. Avec un tel cerveau pour seul bagage intellectuel, on comprend pourquoi les dinosaures n'ont pu s'adapter aux variations climatiques de l'époque et survivre.

Pour P. D. MacLean, le cerveau reptilien est le siège de cinq conduites :
– imiter des modèles,
– avoir des penchants, des tendances, des pulsions,

1. MacLean P.D., Guyot R., *Les trois cerveaux de l'homme*, Ed. Laffont, 1990.

– rechercher la routine, tout ce qui se fait habituellement : suivre des rites, être enclin à la superstition, etc.,
– poser des actes réflexes,
– élaborer des stratégies de feinte, fuite et/ou attaque.

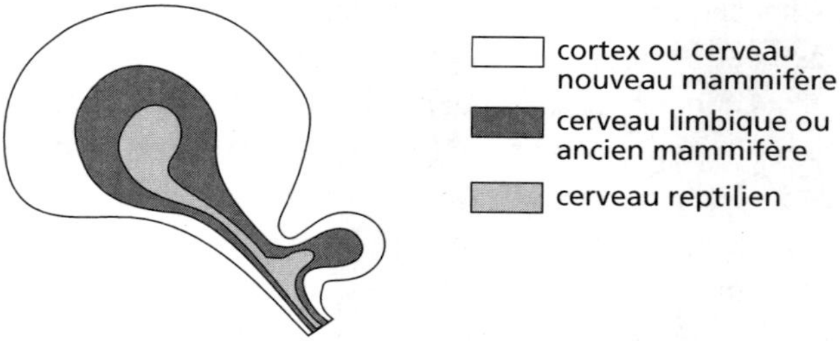

L'homme, un animal qui possède trois cerveaux

➤ *Le cerveau ancien mammifère ou limbique*

Ce cerveau s'est superposé au premier à partir de l'ère tertiaire, il y a environ cent millions d'années. L'ensemble équipait les mammifères primitifs de l'époque, qui ressemblaient à notre taupe. Ils étaient pratiquement aveugles mais dotés d'un puissant odorat.

Le *système limbique*, comme l'a nommé P. D. MacLean, permet une bien meilleure adaptation aux fluctuations de l'environnement. Et nous en avons bien besoin aujourd'hui. Il nous permet, avec le concours du lobe frontal du cortex qui en est le prolongement, de nous adapter au milieu social. C'est dans le système limbique que résident nos valeurs et nos croyances, c'est-à-dire des programmes très complexes. C'est également là que se trouve le siège de nos passions et de nos émotions. Les expériences nouvelles sont différenciées en gratifiantes, à recommencer, ou au contraire désagréables, à éviter.

C'est un relais, un filtre, qui transmet – ou non – l'information au cortex, le cerveau le plus évolué. Il joue un rôle important dans la mémorisation à long terme, celle qui permet de généraliser et d'anticiper, celle aussi qui structure notre identité. Le cerveau limbique privilégie l'action, la réflexion ne venant qu'après. On trouve aussi, à ce niveau, le siège de l'attention et de la motivation. Enfin, tous les stimuli sensoriels – la vue, l'ouïe, le goût et le toucher – transitent par le cerveau limbique, à l'exception de l'odorat, lié directement au cortex.

Ces deux cerveaux sont étroitement imbriqués l'un dans l'autre. Ils combinent et confondent information extérieure et information intérieure. Ce qui est imaginé et ce qui est ressenti ne font qu'un. Ceci explique qu'une grande émotion bloque la compréhension. Ils ne savent ni l'un, ni l'autre s'exprimer verbalement : inutile avec eux d'argumenter verbalement. La motivation ayant son siège là, inutile d'essayer de motiver avec des mots quelqu'un qui ne le serait pas déjà.

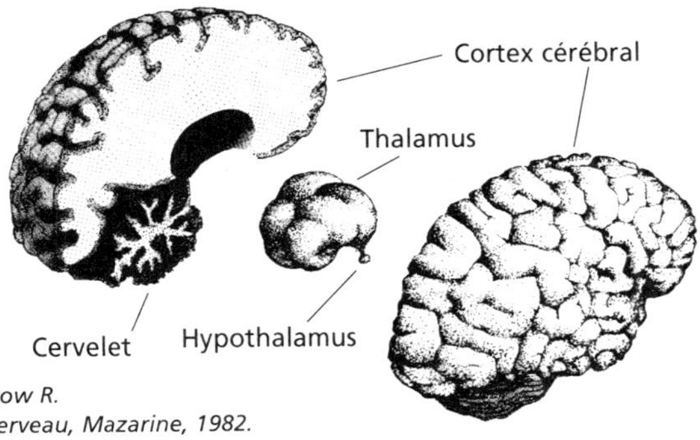

Source : Jastrow R.
Au-delà du cerveau, Mazarine, 1982.

➤ *Le cerveau nouveau mammifère ou cortex*

Les mammifères supérieurs comme le rat, le chien, le cheval ou le singe, sont dotés de ce troisième étage de la fusée. Mais seul l'homme possède un cortex aussi enveloppant et surtout un lobe frontal, sommet de l'évolution humaine adulte, puisqu'il se développe à partir de l'adolescence. Qu'apporte donc ce troisième cerveau ? Essentiellement de pouvoir élaborer le raisonnement et choisir. C'est le siège de la pensée consciente, de la construction de structures abstraites, de l'analyse, de la créativité, de l'intuition et de la parole. Mais ce cerveau si doué raisonne froidement et ignore les émotions qui, comme on l'a vu plus haut, sont à l'étage en dessous.

Ajoutons, pour simplifier les données, que l'homme utilise ces trois cerveaux aussi bien de manière séquentielle que simultanée.

En fait, écrit Henri Laborit[1], tout animal évolué utilise l'ensemble de son cerveau pour deux actions essentielles :

– agir sur son environnement en répondant aux *stimuli* du milieu extérieur tels que les variations de température, de luminosité, les variations sonores, mécaniques, chimiques, etc. ;

1. Laborit H., *La légende des comportements*, Ed. Flammarion, 1994.

– surtout procurer un état de bien-être à l'organisme auquel il appartient et cet état est obtenu par un équilibre du milieu intérieur, appelé *homéostasie*.

Certains groupes de neurones, dans le cerveau primitif et dans l'hypothalamus, sont sensibles à toutes les variations de l'équilibre physico-chimique du milieu intérieur. Mais, pour tenir compte de l'apport continu de l'environnement sur l'équilibre intérieur, il faut percevoir ce qui s'y passe. C'est le rôle de la vue, de l'ouïe, de l'odorat, du goût et du toucher. Muni de ces informations, le cerveau déclenche alors une activité musculaire pour rétablir l'équilibre interne, dès que celui-ci est rompu.

Au cerveau primitif et à sa mémoire immédiate, au système limbique et à ses facultés de mémoire à long terme engendrant reconnaissance et affectivité, est venu s'ajouter, chez l'homme, le système associatif du cortex avec ses aires sensorielles, ses aires motrices et les aires associatives de son lobe frontal. Toutes ces facultés lui donnent une image du monde extérieur et intérieur, avec :

– création d'objets et de concepts,
– mémorisation des expériences et stratégies d'apprentissage, de décision,
– création de structures imaginaires.

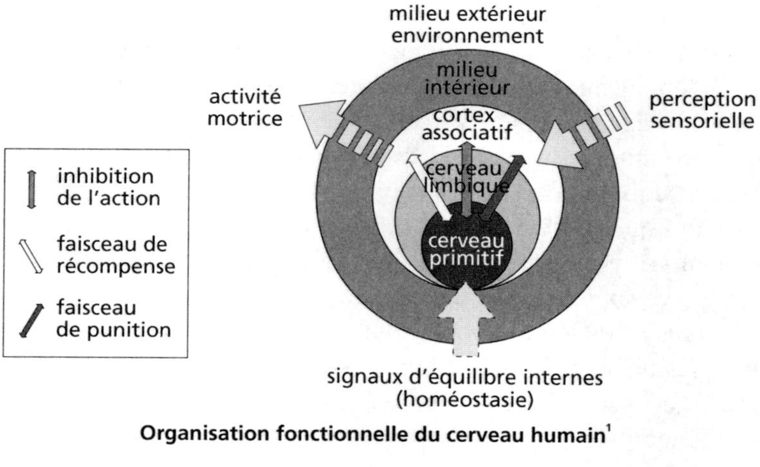

Organisation fonctionnelle du cerveau humain[1]

1. D'après Laborit H., *La légende des comportements*, op. cit.

Deux faisceaux, mis en évidence par Olds et Milner, en 1954, parcourent l'ensemble des trois étages du cerveau, de l'hypothalamus au lobe frontal :

• *Le faisceau de la récompense* (*medial forebrain bundle*, MFB) provoque la répétition de toute action gratifiante et en consolide les traces sous forme d'assemblée de neurones. Elle peut même devenir réflexe.

• *Le faisceau de la punition* (*periventricular system*, PVS) agit en sens inverse du précédent. Telle expérience a été mémorisée comme compromettant l'équilibre interne, elle est désormais évitée.

Enfin, si l'action, combat ou fuite, y compris dans l'imaginaire, est impossible, alors intervient le système inhibiteur de l'action (SIA).

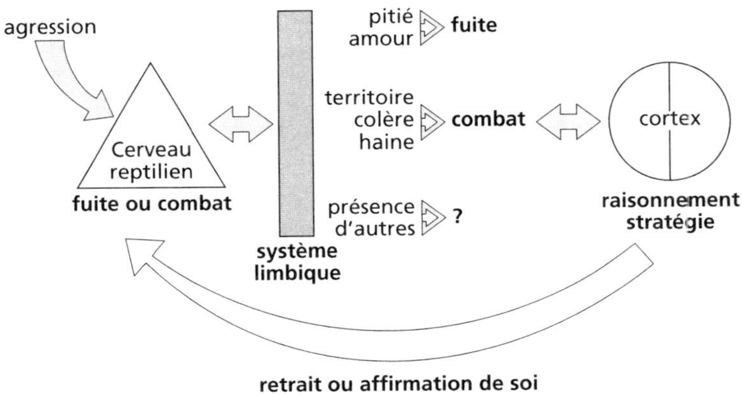

Fonctionnement simultané des trois cerveaux

Résumé

Les trois cerveaux sont en interaction.

- Le cerveau reptilien agit de manière réflexe en réponse à un stimulus (agression, danger, douleur).
- Le système limbique intervient pour donner sa tonalité émotionnelle qui enclenche le combat ou la fuite, la présence ou non de partenaires alliés ou opposants pouvant poser question pour ce choix.
- Le cortex associatif permet d'imaginer des actions plus adaptées, plus efficaces. Avec lui, les instincts s'expriment avec politesse, la fuite se camoufle en retrait et l'agressivité devient affirmation de soi.

Un cortex aux hémisphères spécialisés

Cette seconde approche est plus ancienne. Mais il a fallu attendre les conséquences malheureuses des guerres récentes, celle du Viêt-nam notamment, pour que s'élabore une théorie fiable. Pratiquée sur des grands blessés de la tête, le sectionnement du corps calleux qui relie les deux hémisphères du cerveau, permet d'éviter les phénomènes de réverbération dans le cas de crises épileptiques aiguës. C'est ainsi que des neurobiologistes des États-Unis tels que Roger Sperry ont pu étudier, de manière approfondie, les fonctions spécifiques des deux hémisphères séparés par la force des choses. Les principales caractéristiques sont rassemblées dans le tableau ci-dessous.

Tableau synoptique des caractéristiques des deux hémisphères	
Hémisphère gauche	**Hémisphère droit**
verbal : se sert de mots pour qualifier, décrire, définir	*non verbal* : a conscience des choses, donne le rythme, la tonalité de la voix
analytique : découvre les choses pas à pas	*synthétique* : regroupe les choses en ensembles
symbolique : remplace les choses par des symboles (exemple : « + » pour addition)	*concret* : considère les choses telles qu'elles sont perçues par les sens
rationnel : prend partie à l'aide d'un raisonnement qui se veut *factuel*	*non rationnel* : ne prend pas partie, ne justifie pas, ne juge pas
numérique, digital : utilise des nombres et leurs associations	*analogique* : voit les relations entre les choses et l'ensemble que celles-ci forment
logique : tire des conclusions fondées sur des enchaînements séquentiels précis	*intuitif* : saisit à partir de données incomplètes, de sentiments, utilise des métaphores
temporel : conscient du temps qui s'écoule, avec un avant et un après	*intemporel* : n'a pas conscience du temps, ni dans la succession, ni dans la durée
linéaire : les idées découlent les unes des autres et aboutissent à une conclusion	*global et spatial* : perçoit des ensembles, des associations, les rapports unissant les parties entre elles et à un ensemble

Ce tableau est à la fois vrai et faux. Un peu comme dans l'exemple suivant : si vous construisez un mur en maçonnerie très long, avec un dessus en mortier parfaitement dressé à l'horizontale à l'aide d'un niveau d'eau, vous pouvez dire que le dessus de votre mur est plan. C'est faux, s'il fait plusieurs kilomètres de longueur. Des recherches récentes démentent en partie les affirmations tenues pour vraies jusque-là. Une psychologue canadienne, Mme Kimura, vient de mettre au point un appareil pour distinguer finement le rôle de chaque hémisphère, à partir de deux stimulations auditives simultanées.

Elle retient de ses tests que[1] :

- l'hémisphère droit sait lire, mais ne sait pas parler : il ne possède pas la commande motrice du langage articulé.
- Les voyelles sont traitées aussi bien par les deux hémisphères.
- Les consonnes sont traitées presque exclusivement par l'hémisphère gauche plus rapide que le droit (les voyelles font vibrer les cordes vocales, ce qui prend un certain temps, les consonnes ne le font pas).
- L'émission de la parole est gérée par l'hémisphère gauche.

Résumé

D'après les études les plus récentes, on peut dire que :

- la spécificité de l'hémisphère gauche est d'analyser les changements rapides et de prendre l'initiative pour ce qui est auditif et lié au temps ;
- la spécificité de l'hémisphère droit est de traiter les choses plus globalement et de prendre l'initiative pour ce qui est visuel et dans l'espace.

1. Citée par Christian Cavé, docteur en psychologie, chargé de recherches au CNRS au laboratoire de phonétique de l'université d'Aix-en-Provence, à qui nous empruntons ces conclusions provisoires.

Chapitre 2
Chez vous, qui tient la barre ?

« L'homme se trouve dans la situation embarrassante d'avoir reçu de la nature
trois cerveaux qui, malgré de grandes différences de structure,
doivent communiquer et fonctionner ensemble.
Le plus ancien de ces cerveaux est fondamentalement reptilien.
Le second est hérité des mammifères inférieurs,
le troisième s'étant développé récemment chez les mammifères...
a rendu l'homme singulièrement homme.
Pour parler allégoriquement de ces trois cerveaux,
on peut imaginer que le psychiatre qui fait étendre son patient
lui demande de partager le divan avec un cheval et un crocodile. »
Arthur Koestler, *Janus*.

Le cerveau humain, dont nous venons d'esquisser le fonctionnement global, est si riche et si complexe que, pour en faire une approche compréhensible, les biologistes utilisent souvent des métaphores, des modèles de structure représentatifs. Ainsi en est-il des *trois cerveaux emboîtés* de l'homme *triunique*, comme le qualifie P. D. MacLean[1], structure verticale de fonctionnement qui reprend l'évolution de l'espèce humaine. Ainsi en est-il aussi du modèle *des quatre secteurs de réactivité* proposé par une équipe de chercheurs de l'université du Texas (N. Hermann, L. Schkade et A. Potvin), qui combine la spécialisation horizontale des deux hémisphères avec deux étages de la structure précédente, le cortex et le système limbique. Ces modèles font le lien entre les découvertes biologiques et les comportements de chacun de nous.

1. MacLean P.D., « A mind of three minds : educating the triune brain », *Educating and the Brain*, 1978.

Nous n'évoquerons pas le modèle de N. Hermann, abondamment développé par ailleurs[1]. En revanche, nous ferons le lien entre ce qu'on appelle, depuis très longtemps, les *centres énergétiques* – l'une des bases de l'ennéagramme – et la découverte de P.D. MacLean.

1. Les trois centres énergétiques : tête, cœur, corps

De manière globale, un homme, une femme peut utiliser trois modes de fonctionnement distincts, en s'appuyant sur l'un ou l'autre des trois centres d'énergie qui, depuis la nuit des temps, s'identifient à des parties spécifiques de notre anatomie.

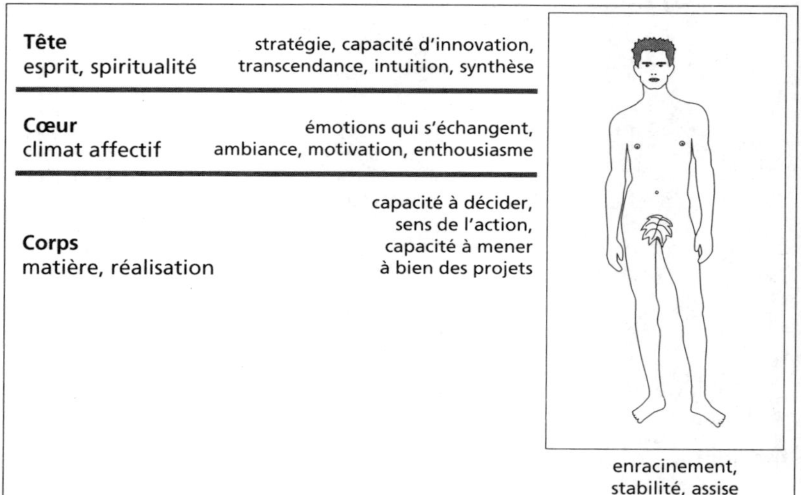

Les trois centres énergétiques

La tête, dans le sens de l'intellect, du mental, de l'esprit, de la réflexion consciente

C'est le fonctionnement intellectuel, celui des concepts et des rêves, mais aussi le fonctionnement spirituel, celui des croyances. En font partie le potentiel d'abstraction lié à l'hémisphère gauche et le potentiel de rêves, d'idées nouvelles, de créativité, lié à l'hémisphère droit.

1. Voir notamment Chalvin D., *Utiliser tout son cerveau*, Ed. ESF, 1991.

Voici quelques expressions courantes : « un homme, une femme de tête », « avoir des idées en tête » ou « derrière la tête », « se mettre en tête de... », « examiner les choses à tête reposée », etc.

> Vous centrer sur votre dimension tête, c'est rêver, imaginer, lancer des idées, échafauder des projets, croire à l'impossible. C'est privilégier votre cortex.

Le cœur, dans le sens de l'affectif, du relationnel, mais non la faculté d'avoir des émotions

C'est le fonctionnement relationnel avec les autres. Deux dimensions sont possibles :

- si vous vous centrez sur les autres, vous êtes en phase d'ouverture, de réception, d'écoute active, d'enrichissement de votre cadre de référence ;
- si vous vous centrez sur vous, vous êtes en phase de retrait, de fermeture ou peut-être de méditation et de ressourcement. Vous digérez ce que vous a apporté la phase d'ouverture ou vous vous préparez pour la suivante. Le Bouddha, Jésus, Mahomet se sont retirés dans le désert quarante jours (nombre symbolique) avant la révélation ou le départ de la mission.

Dans cette dimension, vous placez votre motivation et votre enthousiasme.

Voici quelques expressions courantes : « le cœur a ses raisons que la raison ne connaît pas » (Pascal), « l'intelligence du cœur », « en avoir le cœur net », « mettre du cœur à l'ouvrage », « si le cœur vous en dit », etc.

> Vous centrer sur votre fonctionnement cœur, c'est entrer en contact avec les autres, communiquer ou, au contraire, vous mettre en retrait et méditer. C'est, de toute façon, prendre des références à l'extérieur de vous-même.
> Vous centrer sur votre fonctionnement cœur, c'est privilégier votre système limbique.

Le corps, dans le sens de l'instinct, des tripes, de ce qui est viscéral

C'est le fonctionnement instinctif par les pulsions.

Voici quelques expressions courantes : « prendre les choses à bras-le-corps », « n'avoir rien dans le ventre, dans les tripes », « affronter la réalité au corps à corps », « se jeter à corps perdu dans... » ou « à son corps défendant », « prendre aux tripes », « je voudrais savoir ce qu'il a dans le ventre », etc.

> Vous centrer sur votre dimension corps, c'est décider, réaliser vos projets, rentabiliser votre mise, produire. C'est privilégier votre cerveau reptilien.

Pour la philosophie taoïste – et la médecine chinoise – l'énergie (principe fondamental de l'activité ou *yang)* monte de la terre, à travers le corps, où elle est canalisée par l'esprit. Un blocage répété de l'énergie, au niveau du corps, peut occasionner des varices ou des maladies de peau telles que l'eczéma, l'acné (refus de son image), le psoriasis. L'incapacité à prendre une décision donne des nœuds à l'estomac et peut déboucher sur un ulcère. L'impossibilité d'évacuer un problème mène à la production de calculs ou à l'occlusion intestinale. Au niveau du cœur, de l'affectif, le blocage favorise les maladies cardiovasculaires. Si l'énergie est bloquée au niveau de l'échange de l'air avec l'environnement – ainsi qu'avec les proches – on s'expose au rhume, à l'asthme, aux otites. Un blocage au niveau de la tête occasionnera des migraines chroniques.

Jean Guir, psychanalyste lacanien qui travaille depuis longtemps sur ces questions, a mis en évidence une dynamique en trois temps[1] :

- La personne a subi un choc, par exemple une séparation ou le décès d'un être cher. Cela peut remonter au temps de l'enfance.
- Un nouveau choc, tel qu'une rupture amoureuse, un divorce, le décès d'un proche, le départ ou le mariage d'un enfant, ravive le premier.
- Quelques semaines ou quelques mois plus tard débute la maladie psychosomatique. On dit quelquefois que la personne *somatise*.

1. Guir J., « Psychosomatique et cancer », Points Hors Ligne, cité par Isabelle Taubes, dans la revue *Psychologies*, janvier 1992.

Selon Jean Guir, la personne n'a jamais pu réellement intégrer l'événement traumatisant qui la rend malade. À l'époque, elle n'a pas pleuré par pudeur ou parce que cela était inconvenant. Et ces larmes resurgissent plus tard dans la matérialité du corps.

Mais, hors de ces cas pathologiques, vous centrer sur votre fonctionnement corps, c'est concrètement réaliser votre projet, votre rêve.

À partir de ces notions, on peut tracer la figure définie par deux axes :

– un axe vertical sur lequel on place, en bas, la dimension *corps*, c'est-à-dire le potentiel énergétique, puis au centre la dimension *cœur* ou potentiel relationnel, enfin en haut la dimension *tête* ou potentiel intellectuel ;
– un axe horizontal qui partage le potentiel relationnel de la dimension *cœur* en retrait et fermeture, à gauche, et en échange enrichissement, à droite.

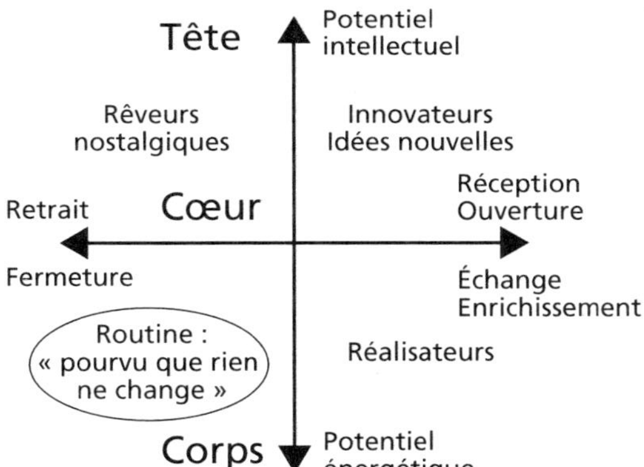

Sachez mettre en œuvre vos programmes « tête », « cœur » et « corps » selon les situations

Lorsque vous vous placez dans le quadrant *ouverture et tête*, vous développez des idées nouvelles, vous innovez. Lorsque vous vous situez dans le quadrant *tête et fermeture*, vous vivez une période de rêves nostalgiques. Lorsque vous êtes dans le quadrant *fermeture et corps*, vous menez une activité de routine. Enfin, lorsque vous êtes dans le quadrant *corps et ouverture*, vous réalisez vos projets.

L'intérêt de ce modèle est qu'il s'applique aussi à une équipe, une association, une collectivité, une entreprise. Une équipe, une entre-

productive, si elle est composée de personnes qui savent u recul pour chercher (quadrant tête/retrait), d'autres – s mêmes à d'autres périodes – qui savent innover, trouver (quadrant tête/ouverture), d'autres qui travaillent sans trop se poser de questions, au moins pour un temps (quadrant retrait/corps), enfin d'autres qui réalisent le projet et produisent des richesses (quadrant corps/ouverture).

Sans doute est-il intéressant que, dans l'équipe de direction, se trouvent des responsables qui privilégient, chacun, un quadrant différent. En tout cas, si vous analysez, avec cette grille de lecture, la direction générale d'une entreprise, vous avez une bonne explication de son bon fonctionnement ou de ses dysfonctionnements ! Il est intéressant d'analyser aussi, de la sorte, la composition d'un gouvernement.

Sans doute, aimeriez-vous savoir maintenant quel fonctionnement vous privilégiez vous-même ? Certes, vous êtes capable d'habiter chacune de vos trois dimensions tête, cœur et corps. Néanmoins, vous privilégiez sans doute l'un de vos trois centres énergétiques. Même si vous en avez déjà quelque intuition, voulez-vous confirmer celle-ci en faisant le test qui suit ?

2. Test : quel est votre centre énergétique privilégié[1] ?

Cotez chaque item qui suit de la façon suivante :

- 0, si l'affirmation n'a pas de sens pour vous ou ne vous concerne absolument pas.
- 1, si celle-ci vous concerne de temps en temps.
- 2, si elle vous concerne souvent.
- 3, si elle vous va vraiment comme un gant.

1. ☐ Vous adorez continuer à apprendre, même si vous ne savez pas toujours à quoi cela vous servira exactement.
2. ☐ Vous vous méfiez des grandes théories. Il suffit d'entreprendre et les problèmes se résolvent souvent d'eux-mêmes, dans le feu de l'action.
3. ☐ Il vous arrive de considérer qu'une chose est ratée à cause d'une imperfection, même si celle-ci est mineure.
4. ☐ Lorsque vous arrivez dans une pièce, vous en repérez instinctivement les issues.

1. Ce test sert aussi pour l'ennéagramme qui fait l'objet des chapitres 8 et suivants.

5. ☐ Vous éprouvez l'envie irrésistible d'aider les autres – et vous le faites – qu'ils en manifestent visiblement le besoin ou non.
6. ☐ Il n'y a rien de si urgent qui ne puisse attendre demain.
7. ☐ Vous pensez que vous avez vraiment les pieds sur terre.
8. ☐ Il vous arrive de ressentir des menaces ou des dangers que les autres vous semblent négliger complètement.
9. ☐ Les autres ont du mal à comprendre toutes les émotions que vous pouvez ressentir.
10. ☐ Ce qui compte pour vous, dans la vie, c'est l'action. C'est elle qui lui donne son sens et qui vous fait exister.
11. ☐ Vous êtes pris au dépourvu lorsqu'on vous demande, à brûle-pourpoint, d'exprimer ce que vous ressentez.
12. ☐ Il est important que vous ayez raison et cela vous force à être honnête et rigoureux envers vous-même.
13. ☐ Vous prenez l'initiative de rendre service et vous espérez en recevoir, en échange, une certaine reconnaissance.
14. ☐ Avant de vous lancer, il est indispensable que vous vous posiez et que vous preniez un temps de recul suffisant pour réfléchir, seul.
15. ☐ Vous appréciez beaucoup les dimensions spirituelles et mystiques de la vie.
16. ☐ Ce qui se fait de nos jours est souvent décevant. Que deviennent le goût du beau et la classe des choses d'antan ?
17. ☐ Il est nécessaire d'affronter les gens et cela vous procure un certain plaisir.
18. ☐ Pour vous sentir en pleine sécurité, vous avez besoin de savoir ce qui se cache réellement derrière ce que disent les gens.
19. ☐ Vous êtes déçu parce que ni vous ni les choses ne marchent aussi bien qu'il le faudrait.
20. ☐ Devant une situation compliquée, alors que tout le monde s'enflamme et patine, vous êtes capable de trouver des solutions.
21. ☐ Vous devenez rapidement agressif envers quelqu'un qui vous semble incompétent, surtout si vous dépendez de lui.
22. ☐ Quand vous avez participé à une soirée entre amis, les gens disent que vous avez su mettre de l'animation.
23. ☐ Ce qui est intéressant dans une réunion entre amis, c'est échanger, influencer les gens et, progressivement, compter dans leur vie.
24. ☐ S'il y a des divergences entre des personnes, vous évitez de prendre parti pour l'un ou pour l'autre. Aussi fait-on souvent appel à vous pour arranger les choses.

25. ☐ Vous détestez ne ressentir que des émotions banales.
26. ☐ Vous aimez vous trouver en compagnie de gens qui prennent plaisir à la vie et vous n'êtes pas le dernier à mettre de l'entrain.
27. ☐ Vous avez horreur qu'on vous implique dans un conflit.
28. ☐ On vous reproche d'exagérer vos sentiments ou de faire de la mise en scène.
29. ☐ Vous aimez qu'il y ait une certaine rigueur.
30. ☐ Vous aimez avoir sous votre contrôle un maximum de personnes et de choses et vous savez facilement dire, haut et fort, ce qui ne va pas.
31. ☐ Vous avez besoin d'explorer toutes les possibilités avant de prendre une décision. Mais votre décision prise, vous savez agir très vite.
32. ☐ Vous aimez vous donner des objectifs précis et savoir à quelle étape vous en êtes.
33. ☐ Il vous arrive de visualiser des projets fantastiques que vous réaliserez sûrement un jour.
34. ☐ C'est presque toujours vous qui prenez l'initiative de relancer vos amis.
35. ☐ Avant d'entreprendre un projet en équipe, vous aimez qu'on définisse avec précision le rôle de chacun et les règles à suivre.
36. ☐ Vous détestez vous sentir en position de faiblesse.
37. ☐ Vous êtes critique envers les autres comme envers vous-même.
38. ☐ Vous vous attendez à ce que les gens remarquent ce que vous avez fait et vous en parlent.
39. ☐ Vous aimez cette nostalgie qui vous habite quand vous vous remémorez votre passé.
40. ☐ Dans chaque situation on peut trouver du plaisir.
41. ☐ Pour vous, ce qui compte, par dessus tout, c'est aimé et être aimé.
42. ☐ Pour vous, la loyauté est certainement la qualité la plus élevée.
43. ☐ Vous aimez avoir du temps pour ne rien faire.
44. ☐ Il est indispensable que vous observiez très longuement les gens avant de prendre parti, si on vous le demande.
45. ☐ Vous avez beaucoup de mal à admettre et à exprimer votre gentillesse, votre côté tendre, vulnérable.
46. ☐ Vous ne supportez pas l'à-peu-près.
47. ☐ Pour vous, la bonne manière de résoudre un problème est de passer du temps pour y réfléchir.
48. ☐ Vous vous faites des idées d'adversité, de douleur ou de mort.
49. ☐ Vous êtes heureux dès qu'on a besoin de vous.

50. ☐ Vous pensez qu'un côté des choses vaut l'autre.

51. ☐ Vous aimez travailler en équipe et vous êtes reconnu comme un collaborateur efficace.

52. ☐ Vous aimez tout le monde, mais surtout les gens qui vous paraissent heureux.

53. ☐ Il vous arrive d'être anxieux.

54. ☐ Vous exprimez facilement de la colère et vous appréciez, alors, ceux qui savent vous résister.

55. ☐ Avant tout, vous comptez sur vous-même : c'est plus commode et plus sûr.

56. ☐ Vous détestez le changement pour le changement.

57. ☐ Vous aimez être considéré comme quelqu'un à part.

58. ☐ Vous ne supportez pas qu'on se dispute autour de vous, même si vous n'êtes en rien impliqué.

59. ☐ Vous préférez, généralement, participer au lancement d'une nouvelle affaire, plutôt que d'en maintenir une, déjà en route.

60. ☐ Vous auriez honte de ne pas être d'une grande honnêteté.

61. ☐ Ce dont vous êtes le plus fier, c'est de savoir rendre service facilement.

62. ☐ Vous découvrez très vite les faiblesses des autres et cela vous sert à les coincer s'ils vous provoquent.

63. ☐ Vous évitez de ressentir des émotions désagréables et, encore plus, de les exprimer.

Reportez maintenant vos notes dans le tableau page suivante. Sur chaque ligne est inscrit un numéro d'item. Inscrivez votre cotation dans la case blanche. Additionnez les points, colonne par colonne, partie gauche du tableau pour obtenir le total partiel 1, puis partie droite, pour obtenir le total.

Affirmation n°	2	3	4	5	6	7	8	9	1	Affirmation n°	2	3	4	5	6	7	8	9	1
1										Report totaux 1									
2										33									
3										34									
4										35									
5										36									
6										37									
7										38									
8										39									
9										40									
10										41									
11										42									
12										43									
13										44									
14										45									
15										46									
16										47									
17										48									
18										49									
19										50									
20										51									
21										52									
22										53									
23										54									
24										55									
25										56									
26										57									
27										58									
28										59									
29										60									
30										61									
31										62									
32										63									
Totaux 1 à reporter										Totaux									

Reportez vos totaux dans le tableau ci-dessous. Puis ajoutez encore les colonnes, trois par trois, pour connaître votre fonctionnement préférentiel tête, cœur et corps :

– Score de votre fonctionnement **cœur** = somme des colonnes (2 + 3 + 4).
– Score de votre fonctionnement **tête** = somme des colonnes (5 + 6 + 7).
– Score de votre fonctionnement **corps** = somme des colonnes (8 + 9 + 1).

	2	3	4	5	6	7	8	9	1
Totaux									
Score									
	Cœur			**Tête**			**Corps**		

Partie 2
La programmation neurolinguistique

« Mettre en cause le principe de l'intelligence,
c'est apprendre à utiliser à plein nos cinq sens
sans lesquels cette nouvelle énergie ne peut pas naître,
sans laquelle les nouveaux outils sont inutiles.
C'est apprendre à voir, entendre, sentir, toucher, goûter
pour faire de ces données inertes qui nous entourent
des richesses qu'on nous envie. »
Jacques Chaize, *La porte du changement s'ouvre de l'intérieur.*

Pour faire face aux situations courantes de la vie, votre inconscient a mis en place des *programmes automatiques* qui vous permettent de vivre sans que chaque chose fasse problème.

Par exemple, vous avez appris à marcher. Cela a pris longtemps. Mais, aujourd'hui, vous n'avez pas à penser si c'est la jambe droite ou la gauche qu'il faut avancer, au point précis où vous en êtes rendu. Votre cervelet a enregistré ce programme et vous sert de pilote automatique. Il en est de même pour vous servir d'un couvert, pour conduire une voiture, monter à cheval ou à bicyclette. Même si vous n'avez pas utilisé une bicyclette depuis vingt ans, l'équilibre durement acquis à la suite de nombreux essais et chutes, revient quasi instantanément.

Il en est de même pour des programmes encore plus complexes, gérés par les assemblées de neurones de votre cortex. La programmation neurolinguistique (PNL), ensemble de techniques de communication créées vers 1975, par Richard Bandler et John Grinder, en a mis en évidence quelques-uns que nous allons évoquer dans la suite de cet ouvrage.

Dans cette deuxième partie, nous aborderons des notions de la PNL que vous pourrez mettre en œuvre aussi bien dans la vie professionnelle que dans la vie de tous les jours, et notamment :

- la notion fondamentale d'index de la conscience,
- la focalisation sur soi ou sur les autres,
- l'écoute active,
- la bonne formulation des objectifs,
- les différents programmes de sélection, de traitement et d'évaluation de l'information,
- les valeurs et les croyances,
- les programmes liés au temps.

Vous pourrez ensuite rechercher, à partir de vos émotions, la question qui sous-tend toute votre vie et vous motive. Enfin vous prendrez conscience de votre ligne du temps.

Chapitre 3
Communiquer avec la programmation neurolinguistique

« Si tu veux un ami, apprivoise-moi ! Dit le renard
– Que faut-il faire ?
– Il faut être très patient.
Tu t'assoiras d'abord un peu loin de moi, comme ça, dans l'herbe.
Je te regarderai du coin de l'œil et tu ne diras rien.
Mais chaque jour, tu pourras t'asseoir un peu plus près... »
Antoine de Saint-Exupéry, *Le Petit Prince.*

La communication met en présence des hommes et des femmes qui échangent des messages et utilisent des codes. Dans ce chapitre, nous examinerons d'abord quelques notions mises en évidence par les créateurs de la PNL et qui régissent la communication humaine. Nous apprendrons aussi à mieux définir les objectifs que nous nous donnons à nous-mêmes et ceux que nous fixons à nos interlocuteurs.

1. Notion d'index de la conscience

À chaque instant de votre vie, le projecteur de votre conscience est orienté vers l'un des trois secteurs représentés dans le diagramme de la page suivante.

• *Votre comportement externe (CE)*, ce que vous faites et que les autres peuvent voir et entendre, les mouvements de votre corps, vos postures, votre rythme respiratoire, vos gestes, vos mimiques, la coloration de vos joues, vos paroles, etc. En somme votre expression verbale **et** non verbale. Pour observer cela chez les autres, il faut vous tourner vers l'extérieur, vous mettre en *conscience externe.*

• *Vos processus internes (PI)*, ce que vous pensez et comment vous le faites. Quand le projecteur est dans ce secteur, votre conscience est en prise sur votre cerveau. On dit que vous êtes en *conscience interne*. C'est le moment où vous comparez les informations que vous recevez à celles qui sont déjà présentes. C'est le moment de la réflexion, du dialogue interne, de l'élaboration des images mentales, des stratégies, des critères ou valeurs et des croyances[1].

• *Votre état interne (EI)*, l'état dans lequel vous êtes et ce que vous ressentez, la faim, la soif, la sensation de chaleur, d'humidité, les sensations de contact rugueux ou doux, l'impression de durée et toutes les émotions qui vous habitent. Lorsque le projecteur est dans ce secteur, vous êtes également en *conscience interne*, absorbé(e) à l'intérieur de vous-même.

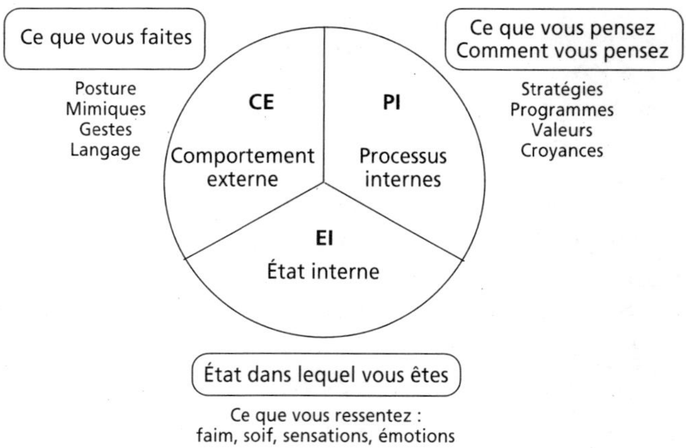

Notion d'index de la conscience

Lorsque vous êtes éveillé, votre conscience se déplace très vite d'un secteur à l'autre. Par exemple, quelqu'un menace de vous lancer un objet à la tête. Votre état interne (EI) est une légère inquiétude. Vous vous mettez instantanément en conscience externe, dans le secteur du comportement externe (CE), pour bien observer son

1. Le dialogue interne (codé A_i^d par la PNL) est une représentation auditive d'une voix interne qui nous parle. Ce peut être notre propre voix ou celle d'autres personnes. Les termes de cette phrase, écrits en italique, sont repris plus loin. Leurs définitions figurent dans le lexique.

geste. Vous reconnaissez l'objet. Vous passez alors en processus interne (PI), constatez qu'il s'agit d'un objet apparemment inoffensif. Vous présumez que son intention réelle est sans doute une plaisanterie et vous imaginez une stratégie de riposte en vous précipitant sur lui. Vous passez aussitôt en comportement externe (CE) pour exécuter votre projet. Le tout vous aura demandé une fraction de seconde.

2. Se centrer sur soi ou se centrer sur l'autre

Pour prendre de l'information auprès d'un interlocuteur, vous pouvez procéder de deux manières. La première, en interprétant ses paroles, ses comportements par rapport à votre conception des choses, à votre *modèle du monde*. La deuxième, en cherchant à découvrir et à comprendre, très précisément, ce qu'il y a derrière les expressions qu'il utilise. Quelle réalité il met derrière *l'étiquette des mots*, dans son monde à lui. Un monde essentiellement unique et difficile à appréhender, si vous voulez éviter de faire des *lectures de pensées*, c'est-à-dire faire des hypothèses qui peuvent s'avérer totalement fausses (on dit quelquefois « marcher dans la tête des autres »).

Par exemple, si, avant les prochaines élections, un homme politique centre son discours sur l'égalité des chances, il sera prudent de le questionner sur ce qu'il entend par « égalité » et aussi par « chance ». Demandez-lui surtout de vous donner un certain nombre d'exemples précis.

3. Pratiquer l'écoute active

Longtemps, on a pensé que la communication entre un émetteur et un récepteur était linéaire, la transmission se faisant à l'aide d'un code, le langage, dans un contexte porteur d'un certain nombre de références communes et par un canal plus ou moins perturbé par des parasites. Depuis l'invention de la cybernétique, cette conception paraît simpliste.

On pense maintenant que la communication est *interactive*. Lorsque A et B communiquent, si A a émis un premier message, B lui répond d'une manière ou d'une autre. S'il n'a pas entendu ou pas écouté, aux sens envisagés précédemment, A le verra, à défaut de l'entendre. Selon la réponse de B, A va émettre de nouveau, en tenant compte de ce *feed-back* (ou rétroaction). On dit que la communication entre A et B forme un *système* ou encore que leur communication est *systémique*.

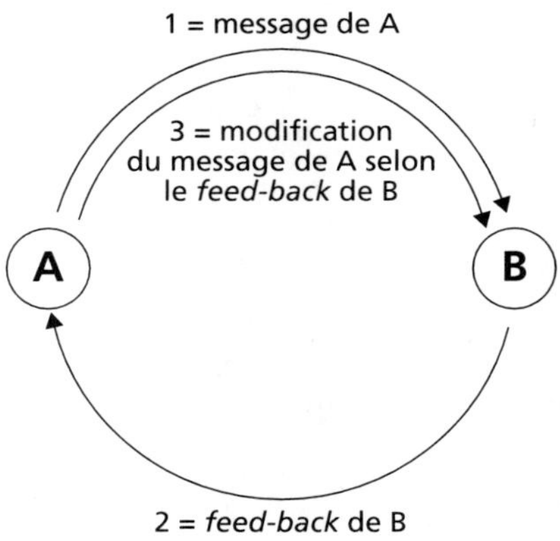

Lorsque deux personnes communiquent, elles le font avec des mots. Elles le font aussi en adoptant certaines postures, en faisant tels gestes, en ayant des expressions faciales plus ou moins conscientes, certaines intonations, tel rythme de voix. Les mots échangés constituent le *langage verbal*. Les postures, les gestes, le ton de la voix constituent le *langage non verbal*. Et savez-vous ce qui compte le plus dans une communication ? Le langage non verbal.

Les Américains ont montré que dans un discours fait pour persuader un interlocuteur, le *verbal* proprement dit, c'est-à-dire les mots utilisés, compte pour 7 %. Le *tonal* de la voix, c'est-à-dire la façon dont les mots sont dits (le volume, le tempo, le rythme, le timbre de la voix) compte pour 38 %. Enfin, la *physiologie* et la *gestuelle* pour 55 %. Je pense que les amoureux ne risquent pas de me contredire ! Cela fait un score de 93 % pour la *communication non verbale*.

Vous comprendrez l'importance accordée, par la PNL, à la *synchronisation* sur le non-verbal de l'autre et à sa propre *congruence,* c'est-à-dire **l'accord parfait** entre le verbal et le non-verbal. Sinon, un interlocuteur attentif ne retiendra que votre langage non verbal et risque de vous prendre pour un menteur.

La première chose à faire pour bien communiquer avec un interlocuteur est de s'adapter à sa posture, son rythme respiratoire et, plus discrètement, reprendre quelques-uns de ses gestes. En langage PNL, cela s'appelle *se synchroniser.*

Mais savez-vous quelle est l'étymologie du mot *communiquer.* Ce verbe est formé de deux racines *cum*, qui signifie *avec*, et *munis* qui provient du sanscrit et signifie *silence intérieur.* Ainsi, communiquer, à l'origine, c'est *faire le silence à l'intérieur* en présence de quelqu'un d'autre. N'est-ce pas le meilleur programme pour l'écouter ? En d'autres termes, faire taire son *dialogue interne.*

De fait, tout l'apprentissage de la PNL consiste à faire taire son monde intérieur pour écouter celui de l'autre. Mais, cette démarche n'est pas suffisante. Comment connaître le modèle du monde de l'autre, au plus près ? Ce modèle est constitué des représentations sensorielles de nos expériences – ce que nous avons vu, entendu et ressenti – stockées et utilisables comme autant de ressources disponibles, si nous y avons accès. Mais difficilement communicables à l'extérieur. Ce qui est communicable a été désigné par les créateurs de la PNL sous le nom de *métamodèle.* C'est le monde du langage, de la rationalité. En somme, un commentaire édulcoré sur le monde souterrain précédent.

4. Négociez des objectifs exigeants et réalistes

Pour que les objectifs que vous négociez avec vos collaborateurs – ou avec vous-même – soient réalisables, il est nécessaire, pour la PNL, qu'ils répondent aux quatre conditions qui suivent.

Un objectif doit être formulé de manière affirmative pour s'en faire une image

Cela suppose qu'il ne contienne pas de négation. « Ne... pas » et « ne... plus » sont des constructions linguistiques qui ne sont pas directement appréhendées par le cerveau, sous forme d'une représentation sensorielle. Le cerveau décode la phrase d'abord en omettant la négation et s'en fait une image. Ensuite, il comprend que cette représentation n'est pas bonne. Tout se passe comme s'il gardait en mémoire l'image qu'il s'est faite en la barrant d'une croix.

Par exemple, si vous donnez comme objectif de « ne plus communiquer par notes », quelle image se fera votre collaborateur, si ce n'est précisément celles de notes ? Il est préférable de dire plutôt ce que vous désirez à la place de ces fichues notes. « Dorénavant, je souhaite que vous téléphoniez ou que vous rencontriez vos collègues, que vous obteniez leur accord, et qu'ensuite vous confirmiez par une lettre personnelle très courte. » Avec un tel objectif, il peut se faire une image d'une conversation téléphonique, entendre peut-être une voix qu'il connaît bien et ressentir les émotions que cette voix fait naître chez lui. En un deuxième temps, il peut voir une image de rencontre et se représenter la tête que son interlocuteur fait à ce moment-là. Peut-être entend-il aussi sa voix au timbre caractéristique et ressent-il alors les émotions correspondantes. En un troisième temps, il peut voir ces courtes notes de confirmation, devenues plus banales. Mais l'objectif prend un sens que son inconscient mémorise avant de le vivre. C'est déjà à moitié gagné !

Méfiez-vous aussi des verbes de *fuite* ou de *restriction* tels que perdre, diminuer, cesser ou s'arrêter de, éviter de, qui jouent le même rôle que les négations. Ces verbes nécessitent deux étapes comme avec les négations : une première pour se représenter *l'état présent* – avec le reste de la phrase sans le verbe de fuite ou de restriction – et une deuxième pour *l'état futur* mais qui reste bien vague. Voici un exemple. Supposons que vous demandiez : « j'aimerais que vous arrêtiez de voir les choses de manière aussi pessimiste ! » Quelle image le cerveau de votre interlocuteur se fait-il, si ce n'est, peut-être, celle de sa tête devant la glace, un de ces jours noirs comme il en vit en ce moment ? En un deuxième temps, il comprend que vous ne vouliez plus de cette tête. Mais que voulez-vous exactement ?

En somme, voici des questions à poser pour en savoir davantage à propos de ce premier critère : Que voulez-vous exactement ? Quelles sont les différences par rapport à la situation actuelle ?

Un objectif doit être sous la maîtrise de celui qui doit le réaliser, ne dépendre que de lui

Par exemple, « vous augmenterez la part de marché de tel produit » n'est pas un objectif sous la maîtrise de votre collaborateur. C'est compter sans les concurrents. Mais, « vous fidéliserez davantage certains clients en faisant telle chose, vous améliorerez le service rendu au moindre coût (moindre étant à bien définir avant !) », sont des objectifs intermédiaires adaptés pour augmenter la part de marché.

Voici des questions pour en savoir davantage sur ce deuxième critère : Qui sera impliqué pour la réalisation de cet objectif ? De qui ou de quoi aura besoin celui qui doit le réaliser ? De quels moyens disposera-t-il ?

Un objectif doit être formulé de façon précise

Il faut définir le cadre et les critères de la réussite de façon à ce qu'il n'y ait aucune ambiguïté en ce qui concerne celle-ci. Donnez des dates d'échéance précises. Des dates et non des délais. Par exemple, « pour le 6 septembre de cette année », implique une échéance fixe. « Dans trois mois » peut se repousser tous les jours d'un jour. Si vous avez besoin d'étapes pour atteindre votre objectif, définissez-les et traitez chacune de celles-ci comme un *sous-objectif* qui réponde aux mêmes conditions. Précisez et chiffrez tout ce qui peut l'être. Qu'est-ce que votre collaborateur et vous-même pourrez voir, entendre et ressentir lorsque l'objectif sera atteint ? En cours de route, comment votre interlocuteur saura-t-il qu'il est sur la bonne voie?

Voici des questions pour en savoir davantage : Cela vise quoi, exactement ? Quels produits, quels services sont concernés ? Vraiment tous ? Quels sont les moyens dont pourra disposer celui qui doit réaliser l'objectif ? À quelle date cet objectif devra-t-il être atteint ? Quels sont les critères qui seront pris en compte à l'arrivée et en cours de route ?

Un objectif doit être écologique pour celui qui doit le réaliser et pour son environnement

En d'autres termes, une ou peut-être plusieurs personnes ne risquent-elles pas de s'opposer à la réalisation de cet objectif ? Par exemple, si vous demandez à l'un de vos collaborateurs de rencontrer des clients pour leur vendre de nouveaux produits auxquels il ne croit pas, ou pire, s'oppose par peur d'être dépassé, vous n'avez aucune chance de voir, un jour, cet objectif atteint. De même si vous proposez un poste intéressant certes, mais au Zimbabwe, la famille de votre collaborateur sera-t-elle d'accord ?

Demandez-vous, avant de présenter votre objectif, quels avantages actuels votre collaborateur et/ou ses proches vont perdre en réalisant cet objectif. La négociation prend alors tout son sens. Votre société doit y gagner, vous devez y gagner, votre interlocuteur aussi doit y gagner. Ce n'est pas toujours facile. Mais c'est à ce prix-là seulement qu'il s'agit d'un véritable objectif. Sinon, cela s'appelle, selon la pression que vous mettez, une contrainte, une exigence, une obligation ou... un viol !

Et en ce qui vous concerne vous-même, n'y êtes-vous pas, en partie, opposé ?

Voici des questions à se poser à ce sujet : « Quels avantages actuels aura perdus celui qui doit réaliser l'objectif, quand il l'aura atteint ? Qui, dans son entourage, risque de ne pas être d'accord pour qu'il s'engage dans cette voie ? »

Chapitre 4
Quels programmes mettez-vous en œuvre ?

« Un élève qui ne réussit pas
a appris à ne pas apprendre, c'est-à-dire à ne pas changer.
Il a donc appris.
Il a appris quelque chose de très difficile :
à résister à l'aptitude innée à s'adapter. »
Hélène Trocmé-Fabre, *J'apprends, donc je suis.*

Toutes les expériences que vous avez vécues sont stockées quelque part dans votre cerveau. Même si vous n'en avez pas vraiment conscience. Et chaque fois que vous vivez une nouvelle expérience, votre cerveau la compare à celles qui sont déjà présentes. En quoi est-ce pareil ? En quoi est-ce différent ? Il le fait à partir de logiciels que vous vous êtes vous-même fabriqué. Probablement à partir de ceux de vos parents, vos professeurs, vos éducateurs, vos amis. Ces logiciels ont été étudiés et typifiés par la PNL, et notamment par Richard Bandler. Ils ont reçu le nom de *métaprogrammes.* Dans ce livre, nous les appelons, indifféremment, *métaprogrammes* ou *programmes.*

Vos programmes donnent un sens à l'expérience qui se présente, lui donnent une structure qui vous est propre et qui déforme la réalité,

– en la simplifiant, par omission de certaines informations ou plutôt par sélection de celles qui vous intéressent davantage,
– en la généralisant : si cela s'est passé deux ou trois fois de cette façon-là, il y a toutes les chances qu'il en soit toujours ainsi,
– en la déformant pour qu'elle soit plus conforme à votre conception des choses, à la carte du monde que vous vous êtes fait.

r la carte n'est pas le territoire. Elle n'en est qu'une représenta- plus ou moins symbolique, plus ou moins précise, plus ou moins adaptée. Vous ne vous servez pas d'un atlas pour voyager en voiture, ni d'une carte routière pour vous promener à pied en forêt. Ou alors, vous courrez le risque de vous perdre ! Mais, avez-vous, dans votre sac de voyage, plusieurs cartes à votre disposition, pour prendre celle qui est la plus adaptée au contexte du moment ? En d'autres termes, êtes-vous flexible ?

Au chapitre précédent, nous avons déjà évoqué, en fait, deux *programmes :*

– être en conscience externe ou en conscience interne,
– se centrer sur soi ou se centrer sur l'autre.

Nous allons maintenant analyser la façon dont nous filtrons l'information.

1. Les programmes de sélection de l'information

Si vous vous promenez à pied dans la rue, vous pouvez observer dix mille choses : le temps qu'il fait, les magasins, les gens qui se promènent, etc. Vous pouvez entendre la musique de fond diffusée par les haut-parleurs à l'occasion des fêtes, le bruit de conversations, des voitures qui passent, etc. Vous pouvez ressentir la température et l'humidité ambiante, l'ambiance de la ville, etc.

Si votre promenade se fait en voiture, sans doute, ce que vous percevrez sera-t-il différent. Néanmoins, il y a toutes chances que vous privilégiez soit ce que vous voyez, soit ce que vous entendez, soit ce que vous ressentez. Votre intérêt se portera d'abord soit sur le lieu, soit sur ce que vous pouvez apprendre, soit sur ce que vous pouvez faire, soit sur les personnes. Ce sont les deux premiers programmes de sélection – on dit aussi *tri* dans le vocabulaire de la PNL – de l'information.

Les registres sensoriels ou <VAK>

Pour recevoir l'information de l'extérieur, vous vous servez de vos cinq sens, la vue (V), l'audition (A), le toucher et, de manière large si on y ajoute le sens du mouvement, les sensations corporelles et les émotions, l'odorat et le goût que la PNL regroupe dans un vaste ensemble appelé *kinesthésique* (K).

Les créateurs de la PNL ont découvert que, généralement, nous privilégions les perceptions de l'un de ces trois registres. Certains font d'abord confiance à ce qu'ils voient, d'autres à ce qu'ils entendent, d'autres à ce qu'ils sentent ou ressentent. Même si chacun, à moins d'être handicapé, utilise aussi les autres registres, mais plutôt en complément. Ils ont symbolisé ce concept sous la forme du sigle <VAK>.

Cette préférence se traduit dans les mots que nous utilisons. Quelqu'un ayant une dominante visuelle se sert souvent de mots tels que : voir, observer, mettre à jour, perspective, couleur, lumière, point de vue, brillant, mat, clair, obscur, superbe, etc. Une autre personne à dominante auditive parle de son, de bruit, de musique, de silence ; elle entend, prête ou tend l'oreille, aime ce qui est mélodieux, rythmé ou chantant, etc. Enfin, une autre à dominante kinesthésique ressent amèrement, chaleureusement ou fraîchement l'ambiance obsédante, étouffante ou pesante, à moins qu'elle ne fasse la fine bouche et qu'elle ne coupe les ponts.

Si votre interlocuteur emploie des mots ou des expressions visuels (V) et si vous lui répondez en utilisant des mots du registre des sensations (K), cela ne lui ouvrira pas de larges horizons. Même s'il éprouve lui-même des sensations, comme tout le monde. Mais ce n'est pas son programme préférentiel (= sa langue naturelle). Un peu comme si, à Madrid, vous demandiez votre chemin, en français, à un agent de police et qu'il vous réponde en portugais. Même si vous connaissez cette langue, vous auriez un instant de surprise.

Les tris primaires ou filtre principal

C'est un programme qui fait que, lorsque vous arrivez quelque part, vous vous centrez en tout premier lieu (d'où le nom de *primaire* ou de *principal*) sur tel élément parce qu'il existe entre ce type d'éléments et vous une relation **affective**. On retient habituellement quatre choix caractéristiques.

➤ *Les activités*

Dès qu'ils arrivent quelque part, ceux qui se focalisent sur les activités se demandent ce qu'ils vont bien pouvoir y faire. Ce n'est pas tant le résultat qui les intéresse : on peut fabriquer maintenant quelque chose qu'on utilisera plus tard. Si on l'utilise. Ce n'est pas cela qui compte. C'est l'action pour le plaisir de l'action. Les ants expriment quelquefois cela sous la forme : « j'sais pas quoi re ! » Ce n'est pas non plus l'action en groupe qui est recherchée. Faire avec quelqu'un ou tout seul, peu importe. Mais faire. Si vous voulez des vacances reposantes, ne les prenez pas avec de telles personnes. A moins d'avoir des espaces de liberté, à vous.

➤ *Les personnes*

Dès qu'ils arrivent quelque part, ceux qui se centrent sur les personnes regardent qui est là, avec qui ils vont pouvoir échanger. Ce sont parfois des gens qui ont des agendas remplis d'adresses. Il leur arrive de choisir un stage parce que untel y sera, plus que pour le contenu même du stage. En tout cas, savoir qui est l'animateur est essentiel. De même que connaître les acteurs du film est plus important que le scénario. Faire remarquer qu'il n'y avait encore personne quand on est arrivé, est aussi du *tri personne*.

On peut personnifier des animaux (mon toutou préféré) ou des choses (ma voiture que je bichonne et à qui je parle). Focaliser sur les personnes, c'est s'intéresser à ce que celles-ci ressentent et évacuer tout le reste (la couleur des murs, ce qu'il y a dans la pièce, la lumière, la température, à moins qu'il y fasse 15°C, etc).

➤ *Les informations*

Dès qu'ils arrivent quelque part, ceux qui se focalisent sur les informations viennent pour « apprendre quelque chose ». Ils adorent les conférences (peu importe le conférencier, à condition qu'il soit connu ou réputé compétent), le téléphone et le minitel qui permettent de savoir tellement de choses sans avoir à se déplacer. Ils aiment les études de longue durée, les stages de formation continue. On n'en sait jamais assez ! Il est bon de lire la notice, plutôt que de se précipiter pour faire fonctionner un nouvel appareil, avant de le connaître.

Pour les gens qui *trient information*, il n'y a rien de pire que de ne pas savoir, ne pas comprendre. Et cette soif d'information concerne aussi bien le passé ou le présent que le futur. Ils lisent des livres d'histoire, des documentaires, des essais, des romans de science-fiction, beaucoup de journaux, pour se faire une opinion. Ils écoutent plusieurs bulletins d'information. Pour eux, *France-Info* est une belle trouvaille !

➤ *Les lieux*

Dès qu'ils arrivent quelque part, les gens qui sont centrés sur les lieux remarquent le cadre, l'environnement, le temps qu'il fait, la nature, la lumière. Pour les vacances, l'important est l'endroit, la contrée, le pays. Au bureau ou chez eux, ils ont besoin d'aménager et de réaménager la disposition des pièces, de changer la tapisserie, la couleur de la moquette, la décoration. Ils aiment ranger pour « retrouver chaque chose à sa place ».

Ils ont photographié deux cents couchers de soleil et prennent surtout des photos de nature ou de monuments. C'est quelquefois laborieux, car il faut bien attendre que les inévitables touristes aient fini de poser devant le monument, si on ne veut pas gâcher de la pellicule. Focaliser sur les lieux, c'est avoir une impression immédiate liée à l'endroit où l'on se trouve. Même si les autres ne remarquent vraiment rien de particulier. Car, devant les chutes du Niagara, tout le monde *trie sur le lieu,* parce que tout le monde y est sensible.

En général, un ou deux de ces tris primaires sont dominants pour chacun de nous et les autres assez peu utilisés.

Comme pour le <VAK>, il est utile de vous entraîner à repérer quels sont les *tris primaires* utilisés, le plus souvent, par vos interlocuteurs. Il est intéressant que vous sachiez vous-même les utiliser, chausser les lunettes qui permettent de voir en focalisant sur ces *tris*, utiliser les mots et les expressions correspondantes et ressentir ce que ces personnes ressentent. Tout en sachant que vous empruntez ces programmes momentanément. Vous reprendrez automatiquement les vôtres, dès que vous le souhaiterez : ils ne vous quitteront pas de sitôt, vous vous accordez si bien ensemble et depuis si longtemps !

La taille de découpage

Vous pouvez découper l'information de manière plus large ou plus détaillée. En découpant large, vous avez tendance à généraliser. Voici un exemple de découpage large : « de manière générale, les femmes sont plus intuitives que les hommes ». Au moins, voilà une grande vérité assénée ! Si vous vous intéressez davantage aux détails, vous pouvez répondre : « certainement, mais est-ce vrai également pour les femmes PDG, dans l'exercice de leur vie professionnelle ? » Avec cette question, vous rétrécissez beaucoup le champ.

Il n'y a pas de bon ni de mauvais fonctionnement. Un fonctionnement doit surtout être adapté aux circonstances. Il est donc impor-

…, pour votre *flexibilité*, que vous ne soyez pas bloqué sur un programme systématique, par exemple découper petit. Ce serait dramatique pour votre famille, votre équipe ou votre société, au moment des décisions stratégiques. Mais, comme pour les arts martiaux, avoir des choix implique de s'entraîner.

2. Les programmes de traitement de l'information

Lorsque vous venez de prendre de l'information, la première question que votre inconscient se pose est certainement celle-ci : cette information est-elle conforme à mes attentes ? En somme, vous comparez sans arrêt ce qui vous arrive avec ce que vous connaissez déjà.

Procéder par identification ou par différenciation (to match ou to mismatch, en anglais)

Voilà un programme prodigieux de conséquences pour faire cette comparaison. Les mots français traduisent mal les verbes anglais. Que faites-vous après avoir comparé une nouvelle expérience avec d'autres, voisines, déjà enregistrées ? Peut-être vous dites-vous : « en quoi cette nouvelle information est-elle semblable à celle-là » ? Dans ce cas vous procédez par identification. Ou, au contraire, « en quoi est-elle différente de telle autre ? » Vous procédez alors par *différenciation.*

Bien sûr, pour qu'il y ait l'une ou l'autre de ces deux réactions, il faut qu'il y ait une donnée, un message. Lorsque ce message est *verbal*, votre réponse peut commencer par une formule du type : « Oui, certainement ! » ou « tout à fait » ou « cela me fait penser à... » si vous procédez par *identification*. Au contraire, elle débutera par « non, pas question ! » ou « oui, mais... » ou, comme dans l'exemple concernant la taille de découpage au sujet de l'intuition des femmes en général, « certainement, mais... » plus discrète. Dans ce cas, vous procédez par *différenciation*.

Vous pouvez vous identifier ou vous différencier aussi par rapport à un message *non verbal*. Rappelons que le non-verbal constitue 93 % de la communication. En ce cas, vous pouvez soit prendre la même posture, adopter le même rythme respiratoire, faire des gestes proches, pour vous *identifier à votre interlocuteur,* soit prendre une posture, un rythme respiratoire et faire des gestes différents, pour vous *différencier de lui.*

Ces deux réactions, nécessairement en réponse à un message ou à une donnée, sont souvent spontanées. À noter qu'on peut très bien se *mismatcher* soi-même. Certains sont même passés maîtres en cet art subtil !

Conseils

> Si, avec vous, un interlocuteur procède très souvent par *identification*, peut-être a-t-il du mal à se démarquer parce qu'il faut sortir du cadre proposé pour avoir des choix. Si, au contraire, il procède systématiquement par *différenciation*, il ne réagit pas forcément contre vous. Peut-être est-ce sa façon de prendre de l'information, en remarquant d'abord ce qui manque. Évitez de proposer des *généralisations* à un différenciateur-né. Commencez plutôt votre assertion par quelque chose comme : « Il y a sûrement des exceptions, mais je crois que... » Plus vous donnez un cadre visible à votre message, plus un différenciateur est à l'aise pour le bricoler, modifier sa taille, ajouter de la dorure... en somme, le *métacommenter*.
> Il n'y a ni bon ni mauvais programme, mais seulement des utilisations plus ou moins adaptées aux circonstances. L'important est d'être, le plus souvent possible, conscient de ses réactions spontanées et d'avoir le choix de sa réponse, c'est-à-dire être *flexible*.

Les opérateurs modaux

Un opérateur modal est un verbe qui modifie le sens d'un autre verbe. Si je dis, par exemple, à des stagiaires : « vous êtes attentifs ! », je fais un simple constat et le leur dit. Mais si j'introduis un opérateur modal tel que « devoir », sur le plan de la phrase, j'ajoute peu de chose. En revanche, sur le plan linguistique, cela change tout. En effet, si je dis « vous devez être attentifs ! », je n'ai pas changé le sujet de la phrase : c'est toujours « vous », mais j'ai pris les rênes et je dicte ma volonté. Subtil, non !

On distingue plusieurs types d'opérateurs modaux. En voici quelques-uns :

- *Les opérateurs d'obligation* : je dois, je devrais, il faut, je suis obligé de, je suis contraint de, il serait bien de, il est indispensable de, etc.

• *Les opérateurs de possibilité* : je peux, je pourrais, je me permets de, j'ai la possibilité de, j'ai l'occasion, j'ai la chance de, etc.

• *Les opérateurs d'envie* : j'ai envie de, je souhaite, je désire, je choisis de, j'essaie de, je veux, etc.

Un opérateur modal indique quel est le moteur du comportement. Ce moteur est très différent si vous dites « je dois faire tel travail » ou si vous dites « je peux le faire », ou encore « je vais le faire ». Si vous écoutez attentivement les opérateurs modaux de vos interlocuteurs ou de vos collaborateurs, vous aurez une idée de leur degré d'implication et de leur motivation. Testez votre hypothèse en questionnant. Changez l'opérateur modal et vous agirez sur l'implication et la motivation.

La direction : vers... ou loin de...

Dans le train du soir qui part de Paris pour Strasbourg deux voyageurs dînent face-à-face au wagon-restaurant. C'était encore au temps où il y avait des wagons-restaurants. En attendant le plat suivant, ils lient conversation.

« Je trouve ce train bien agréable et bien commode pour rejoindre l'Alsace pour un week-end de chasse, et dès que le train part de la gare de l'Est, je me vois déjà là-bas, au pied des Vosges...

– Moi, répond son vis-à-vis, je quitte surtout la capitale et son stress. Je viens d'assurer une semaine d'exposition pour ma société, porte de Versailles et je n'ai qu'une envie, oublier Paris ! »

Vous aurez compris. Tout en faisant la même chose, le premier voyageur met en œuvre le programme *dirigé vers*, tandis que le second utilise le programme *loin de*. Ces deux programmes sont, l'un et l'autre, sous-tendus par une forte motivation.

L'implication : active ou réceptive

Quelqu'un est *actif*, au sens de la PNL, s'il se sent responsable du monde qui l'entoure, s'il pense agir sur ce monde, le construire. Être actif, c'est être moteur, c'est mettre toute son énergie au service de ses intentions, de ses objectifs.

Être *réceptif*, c'est suivre le mouvement initié par d'autres. C'est attendre ou subir les événements, peut-être devenir victime de son environnement. C'est aussi réagir à un événement. Être réceptif, c'est enfin observer le monde, être à l'écoute du monde, c'est communier avec le monde tel qu'il est.

Rappelons encore qu'il n'y a ni bon ni mauvais programme. Cela dépend des circonstances. Si vous êtes chasseur d'images et si vous souhaitez surprendre un animal dans son milieu naturel, il vaut mieux utiliser le programme *réceptif*. Si, au contraire, vous souhaitez persuader un auditoire, il vaut mieux brancher votre programme *actif,* du moins jusqu'au débat. Si vous négociez avec votre patron, un client ou votre conjoint, sans doute vous faudra-t-il alterner l'un et l'autre, passer de *l'écoute active* (qui n'est déjà plus tout à fait le programme *réceptif*) à des propositions concrètes.

3. Les programmes d'évaluation de l'information

Dès qu'un bébé a quelques jours ou quelques semaines, il se dote des trois critères suivants, liés à sa survie : *plein* (il s'agit bien sûr du ventre), *chaud* (c'est pour la peau) et *sec* (c'est plutôt pour les fesses). Au fur et à mesure de l'évolution du petit d'homme, son entourage introduit des critères plus complexes, par exemple c'est bien ou c'est mal, c'est dangereux ou non, c'est beau ou c'est laid, etc. Il s'agit là de programmes globaux d'évaluation de l'information. On distinguera le *cadre de référence*, les *valeurs* et les *croyances*.

Le cadre de référence : interne ou externe

Quand on répète à un enfant, « c'est bien de faire ceci et mal de faire cela », s'il teste ce critère lui-même et le fait sien, alors, celui-ci devient son propre critère. Et c'est ainsi que se constitue son *cadre de référence interne*. Au moment de l'adolescence, ce cadre est loin d'être achevé. L'adolescence est une période d'ouverture inouïe à l'environnement, les copains, les copines, les idoles, la mode, etc. Les adolescents comparent à partir de leurs valeurs, testent, gardent un temps, rejettent, et... réajustent leurs valeurs. C'est une période difficile à vivre, pour eux et leurs proches, parce que rien n'est plus sûr. Une période qui ne prendra fin que beaucoup plus tard pour laisser place à une certaine maturité dont le cœur est un *système de croyances* plus stable.

Voulez-vous vous prêter à un petit test ? Que répondez-vous quand on vous demande de citer quelque chose que vous avez réussi ? Notez sur une feuille de papier trois ou quatre de ces réussites... Et, au-dessous, comment vous savez que ce sont des réussites ? Quelles preuves en avez-vous ?...

Peut-être avez-vous noté sur votre feuille, l'encouragement de votre patron, d'amis, des appréciations élogieuses de telle personne, une lettre de remerciements, etc. Dans ce cas, vous avez un *cadre de référence externe.*

Au contraire, vous avez peut-être recherché en votre for intérieur si ce que vous avez fait valait la peine pour vous, si cela vous a pleinement satisfait. En somme, votre assentiment personnel plutôt que l'applaudimètre ? En ce cas, vous avez un *cadre de référence interne.* Un peintre, un auteur, un architecte peuvent remporter un grand prix et n'en être pas satisfaits pour autant. Ils peuvent recevoir, au contraire un accueil mitigé et rester, malgré cela, très satisfaits de leur œuvre.

Comme toujours, il n'y a ni bon ni mauvais programme, mais des choix plus adaptés que d'autres aux circonstances. Il est important de ne pas utiliser uniquement l'un des deux pôles de ce programme. Si vous n'avez qu'un *cadre de référence externe*, vous serez une girouette tournant au gré des vents. Si vous n'avez qu'un *cadre de référence interne*, vous ne prendrez aucun *feed-back* et vous serez convaincu d'avoir toujours raison.

Pour apprendre, vous devez brancher le programme cadre de référence externe. Car, apprendre, c'est d'abord changer de cadre. Mais, le résultat de votre apprentissage sera un cadre élargi, un champ de conscience agrandi, un modèle du monde plus riche, un cadre de référence interne renforcé.

Les valeurs ou critères[1]

Depuis votre plus tendre enfance, vous avez vécu un nombre incalculable d'expériences et vous en avez déduit des règles qui définissent les relations entre ces diverses expériences. Vous avez sans doute remarqué, par exemple, que chaque fois que vous vous êtes approché trop près d'une flamme, vous vous êtes brûlé. Vous en avez probablement déduit que *toutes* les flammes brûlaient et qu'il valait mieux s'en tenir à distance. Vous avez fait ce qu'on appelle une *généralisation.*

1. En PNL, on utilise *critère* plutôt que *valeur*. Mais il n'y a pas de différence notoire.

Un critère, c'est ce qui donne sens à l'expérience vécue. C'est une généralisation concernant le monde ou vous-même, une référence qui vous permet de porter des jugements. Par exemple vous dirigez une équipe parce que vous avez le *sens des responsabilités*. Sens des responsabilités est un critère. Un critère est habituellement exprimé sous forme d'un nom ou d'une expression verbale. Indépendance, honnêteté, persévérance, assurance, égoïsme, changement, décision, etc., sont des nominalisations. Se faire plaisir, écouter les autres, croire en l'homme, être accueillant, etc. sont des expressions verbales.

On peut donner différents sens à ces noms ou à ces expressions. Ces sens sont particuliers à chacun, même si le dictionnaire donne une liste de définitions officielles. Demandez donc à l'un de vos proches de vous dire ce qu'il entend par *indépendance*. Faites-lui décrire une expérience où il s'est senti particulièrement indépendant. Ecoutez-le attentivement. Ne donnez ni contre-exemple ni votre propre définition. Vous risqueriez de diverger très vite ! Faites-lui décrire aussi une expérience où il a vécu le contraire de l'indépendance, puis demandez-lui ensuite comment il appelle cela. Certains vous répondront peut-être fidélité, d'autres entrave ou conformisme ou docilité, etc. Ce qui n'est pas tout à fait la même chose. Mais chacun sait de quoi il parle. Car le critère est l'*étiquette* qu'il a mise sur un certain nombre de ses expériences. Donc sur sa généralisation.

Un critère a toujours deux pôles. Voici des exemples : indépendance/fidélité ; passion/manque d'intérêt ; partager/vivre en solitaire ; assurance/méfiance ; se corriger/se faire plaisir. Le programme *direction* vous permet de vous déplacer *vers* l'un des deux pôles ou de vous *éloigner de* l'autre. Si vous êtes toujours *coincé vers* le pôle *fidélité*, par exemple, vous ne vous apercevrez pas que votre société est en train de couler et qu'il est urgent de chercher du travail ailleurs.

Dans votre modèle du monde, vous avez des critères qui vous semblent très importants, au point que vous risqueriez votre vie pour eux. Il y a un peu plus de cinquante ans, des Français se sont engagés dans la Résistance pour que la France recouvre la *liberté*. C'était pour eux un critère capital. D'autres l'ont fait pour que leur pays retrouve de la *dignité*. Ce n'est pas tout à fait la même chose. Pourtant, chacun d'eux a mené un même combat.

Les croyances

Autour des critères, mais à un niveau plus élevé, s'organisent les croyances. De quoi s'agit-il ? Ce sont des généralisations qui créent, *au niveau inconscient*, des règles sur nous-mêmes et sur notre relation au monde. Elles nous permettent de remplir ou d'éviter nos principaux critères. Elles nous font sélectionner inconsciemment tout ce qui ajoute encore à leur évidence. Par exemple, si ma croyance est : « je n'existe que par ce que je fais », chaque compliment reçu pour un travail me renforcera dans cette croyance. Mais, chaque fois qu'on ne me dira rien, j'en déduirai que *je* ne vaux pas la peine qu'on s'intéresse à *moi*, puisque je n'existe que... C'est un véritable cercle vicieux !

En général, sauf après un travail sur soi, aidé par d'autres, nous ne connaissons pas nos croyances. En fait, nous baignons dans nos croyances, comme les poissons baignent dans l'eau. Croyez-vous que ceux-ci soient conscients de l'eau qui les entourent ? Pour chacun de nous, une croyance est une évidence et n'a pas besoin d'être démontrée. D'ailleurs, ce n'est pas possible. Les croyances ont ceci de commun qu'elles s'appliquent pour chacun de nous, à tous les contextes.

➤ *Quelques exemples de croyances*

- Je suis bien trop laide (grosse, stupide, etc.) pour qu'on m'aime.
- Si je veux réussir ma vie professionnelle, je dois faire une croix sur le reste.
- Pour moi, le monde est une jungle.
- Je suis le centre du monde.
- Il faut choisir : ou gagner beaucoup d'argent ou être quelqu'un de bien.
- Si je m'affirme, je serai rejeté.
- Il faut me prendre comme je suis.
- Si c'est facile, ça ne vaut pas la peine.

Inutile de dire que la plupart de ces affirmations (toutes ?) sont limitantes. La caractéristique d'une croyance est, en effet, de nous structurer et, ce faisant, de nous limiter. Un peu comme notre propre squelette. Sans lui, nous ne tiendrions pas debout. Mais essayez donc de toucher votre avant-bras avec le bout de vos doigts, dans un sens comme dans l'autre.

➤ *La hiérarchie des croyances selon Robert Dilts*

Partons d'un exemple, provenant d'un stage. Marie-Claude a un « petit souci » : elle est inquiète de voir partir, presque en même temps, ses deux grands fils de la maison. Voici l'essentiel de son dialogue avec Jean-Pierre :

– Pourquoi sembles-tu inquiète de ce départ ?
– Parce que tant qu'ils sont à la maison, je peux les aider à garder leurs valeurs dans un environnement qui est devenu assez inquiétant.
– Il est important, pour toi, de les préserver des mauvaises influences que pourrait leur apporter cet environnement ?
– Oui, tout à fait.
– Penses-tu que tant qu'ils sont chez toi, tu as de l'influence ?
– En tout cas, je peux contrôler ce qui se passe et certaines attitudes ne trompent pas. J'ai déjà pu le constater à de nombreuses reprises !
– Tu as pu constater des comportements curieux, les interroger et rectifier certaines choses ?
– Oui, tout à fait !
– Et tu as peur que cela se passe mal, hors de ton contrôle ?
– Non... Pas vraiment, j'ai confiance en mes capacités d'influence... Parce que, bien sûr, nous nous reverrons souvent... Et puis, j'ai confiance en eux, en leur capacité de garder leurs valeurs.
– Quelles sont les valeurs qu'ils ont développées avec toi et que tu trouves importantes ?
– L'honnêteté, la franchise... l'autonomie, cultiver de bonnes relations...
– Mais, s'ils partent de chez toi, c'est aussi pour acquérir leur autonomie ?
– Oui, bien sûr... et c'est pour cela que je suis obligée de dire oui !...
– Et alors, où est le problème ?
– Ben ! Ils sont encore bien jeunes et fragiles. Et... je vais me retrouver... un peu seule !
– Ça va être difficile à vivre ?
– Oui... Bien sûr !... Je ne peux m'empêcher de penser que vivre seule... Ce n'est pas spécialement réjouissant !
– Pour toi, être seule est un échec ?
– ... J'en ai bien peur !

Quelles sortes de croyances se sont fait jour, tout au long de ce dialogue ? D'abord une croyance concernant *l'environnement*, du type « le monde est dangereux ». Puis, une croyance concernant le *comportement* qui pourrait tourner autour de « je suis le reflet de mon comportement », qui serait, bien sûr à creuser en questionnant. Pour le moment, ce ne peut être qu'une hypothèse. Ensuite, une croyance concernant la *capacité* de Marie-Claude à influencer ses fils dans le bon sens. Une autre concernant les *valeurs*... de ses fils. Et donc, par projection, les siennes : « je suis honnête, franche, autonome, etc. » Cette dernière valeur se retourne contre elle et l'interviewer le lui faire remarquer. Alors se met en lumière l'une des croyances de fond, une *croyance-identité*: « si je suis seule, c'est un échec ! » qui fait tilt. Et, c'est cette croyance-là qui pose vraiment problème à Marie-Claude.

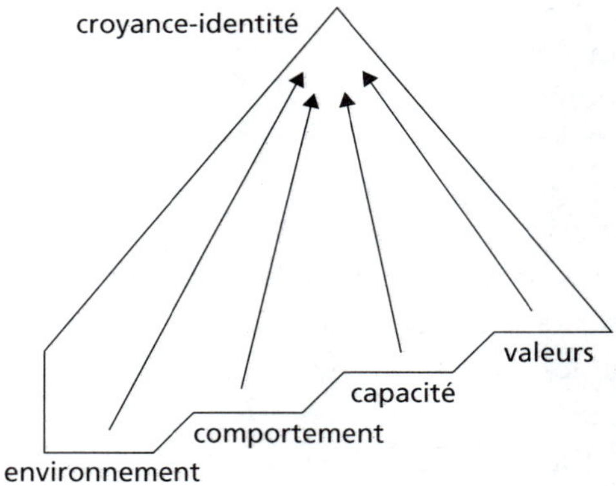

➤ *Caractéristiques d'une croyance ?*

• *Au niveau de l'expression* : celle-ci est souvent affirmative et courte. Elle est exprimée à la première personne, mais quelquefois de manière implicite, comme dans l'exemple, « Il faut choisir : ou gagner beaucoup d'argent ou être quelqu'un de bien. » Il n'y a pas d'adverbe qui tempère l'affirmation, comme *en général*, *souvent*, etc.

• *Au niveau du contenu* : elle est valable quel que soit le contexte. Elle sous-tend un critère important, ainsi qu'un ou deux *métaprogrammes.* Par exemple, « Ma valeur, c'est ce que je sais faire », le critère est l'efficacité ou la réussite qui suppose un *tri activité* important.

• *Au niveau de l'impact* : lorsque vous proposez à quelqu'un l'une de ses croyances, en lui disant, par exemple, « En somme, pour vous, votre seule valeur, c'est faire ? », vous savez si vous touchez juste, en calibrant. Si l'impact créé est très fort et suivi de quelque chose comme « Ben oui ! » comme si c'était évident pour tout le monde, vous tenez une formulation approchante. D'ailleurs, votre interlocuteur oublie souvent les termes exacts de votre formulation qui repartent très vite dans l'inconscient et il n'est pas rare qu'il vous dise : « Comment disiez-vous, exactement ? »

➤ *Comment identifier les croyances de votre interlocuteur ?*

Ce n'est pas simple, puisqu'il faut débusquer quelque chose qui se trouve dans l'inconscient. L'accès n'en est pas direct. C'est un processus *d'itération* (il faut faire des essais successifs) et *d'interaction* (il faut un dialogue confiant avec la personne).

Procédure de recherche des croyances

Les premières étapes, dans votre recherche des croyances de votre interlocuteur, pourraient être les suivantes :

1. Faites décrire par votre vis-à-vis un « petit souci » qu'il a en ce moment, en quelque contexte que ce soit. Bien sûr, établissez un excellent rapport avec lui : synchronisation sur ses postures, sur le rythme de sa respiration, reformulation dans son registre sensoriel et à partir de ses critères, etc.
2. Écoutez bien ce qu'il vous dit et demandez-vous ce qu'il doit obligatoirement considérer comme vrai pour affirmer cela. Faites des hypothèses.
3. Reformulez avec l'une de vos hypothèses et calibrez :
   - Il vous reprend calmement en vous disant que vous n'y êtes pas du tout. Changez d'hypothèse : vous vous êtes trompé.
   - Il est surpris, il rougit, s'interroge... Vous êtes sur la bonne voie. Continuez en cernant de plus en plus près, jusqu'à obtenir une croyance-identité. La plus élevée dans la hiérarchie des croyances, selon Robert Dilts.
4. Reprenez tout le processus précédent en lui faisant décrire l'une de ses passions. Mais, prenez garde, il se peut que vous mettiez à jour une croyance différente de la précédente.

4. Les programmes liés au temps

Comme on l'a vu plus haut, le temps est une notion complexe qui recouvre des concepts divers. En voici au moins deux. Le temps peut être considéré dans sa *durée*. On parle alors de période, moment, instant. Le temps peut être considéré comme une *suite* qui se réfère à un *avant* et un *après*.

L'utilisation du temps est fondamentale. Elle est liée à la culture et à la religion. Pour les musulmans, le temps appartient à Dieu et à lui seul. Pour les bouddhistes, le temps n'a aucune réalité. Un occidental considère le temps comme une ressource quantifiable et à optimiser : « vous disposez d'une heure, pas plus ! Le temps c'est de l'argent ! » Pour un oriental, habituellement plus centré sur l'homme, régir le temps de ses employés est perçu comme un viol de la personne. De plus, à l'intérieur d'une même culture, l'utilisation du temps varie pour chacun d'entre nous.

L'orientation du temps

Faites la petite expérience suivante. Où que vous soyez, ressentez bien les appuis de votre corps, prenez conscience de votre respiration et détendez-vous. Faites venir sur votre téléviseur intérieur une image d'une scène du passé, lorsque vous étiez enfant, peut-être lorsque vous étiez avec votre mère ou votre père. Regardez bien cette image. Est-elle grande ou petite, lumineuse ou sombre, nette ou floue, contrastée ou non, en noir et blanc ou en couleurs, plate comme une photo ou en trois dimensions ? Quelles sont les sous-modalités visuelles de votre image ?

Revenez ici et maintenant. Relaxez-vous de nouveau et faites venir une image du futur. Pensez, par exemple, à vos prochaines vacances ou aux fêtes de fin d'année. Où serez-vous, à ce moment-là ? Faites-vous en une image et détaillez-la bien. Est-elle grande ou petite, lumineuse ou sombre, nette ou floue, contrastée ou non, en noir et blanc ou en couleurs ? Quelles sont les différences avec l'image précédente ? Revenez ici et maintenant. Détaillez la vue qui est devant vous. Quelles en sont les sous-modalités ? Sont-elles différentes ou non pour ces trois images ?

Vous venez, simplement, de changer *l'orientation du temps* de votre conscience. Certains d'entre nous font plus souvent appel à des images du passé, par exemple les hommes de loi, soucieux de la jurisprudence, ou ceux qui ont un esprit respectueux des traditions. Ils sont volontiers *orientés vers le passé*. D'autres rêvent beaucoup d'un éden à venir et sont davantage *orientés vers le futur*. D'autres, enfin, ont les pieds rivés au sol et n'envisagent que le présent. Ils sont plutôt *orientés vers le présent.*

La subordination du temps

Ce programme complète le précédent. Votre conscience peut s'orienter vers le passé, le présent ou le futur. Mais quelle orientation vous motive davantage, jusqu'à occulter les deux autres ? Quel est le moteur de votre motivation ? Si vous occultez très souvent le présent pour le futur, vous aimez vivre en pensant à demain. Vous savez refuser ces gâteaux au chocolat dont vous raffolez, pour offrir une image superbe de vous en maillot de bain, l'été prochain. Si, au contraire, vous occultez souvent le futur pour vivre le présent, vous adoptez un comportement de vie au jour le jour. À chaque jour suffit sa peine ! Si vous occultez généralement le présent et le futur au profit du passé, vous pouvez aimer la tradition et vous y conformer. Vous pouvez aussi être nostalgique de votre passé, ce qui est une façon de vivre qui en vaut d'autres.

Vivre l'instant ou se déplacer dans le temps

Vous pouvez rester figé sur une expérience du temps présent et ne jamais envisager un *avant* et un *après*. On dit que vous *vivez l'instant présent (to be in time* en anglais). Mais, si vous savez ce qu'est *avant* et ce qu'est *après*, je parie qu'il vous arrive ou de remonter dans le temps ou d'envisager le futur. Lorsque vous faites cela, on dit que vous vous *déplacez dans le temps* (*to be through time* en anglais).

Ce qui vient d'être dit pour le présent vaut aussi pour le futur ou le passé. Vous pouvez vivre tel moment précis de votre futur. Par exemple, l'instant précis où vous réalisez cet objectif important pour lequel vous travaillez depuis... si longtemps. C'est ainsi qu'on peut se créer un *stimulus* et un *ancrage* et se créer une «mémoire du futur» ! Il en est de même pour le passé : vous pouvez sans doute vous remémorer votre premier amour. Faites-le... Vous y êtes... Quelle a été la suite de l'histoire ? Vous venez de passer de *vivre un instant passé* (*in time*) à vous *déplacer dans le passé (through time).*

Tout se passe comme si vous éclairiez le temps avec le projecteur de votre conscience. Vous pouvez promener votre projecteur, largement ouvert, du passé au présent et au futur et mémoriser les images successives ou vous pouvez fixer le projecteur, avec un pinceau étroit, pour éclairer juste l'expérience que vous vivez en ce moment. Les jeunes enfants, au départ, ont un projecteur fixe et étroit et ne connaissent que l'instant présent. Le temps ne commence à s'intégrer qu'à partir de sept ans environ.

Lorsque vous êtes en situation d'apprentissage, si vous vivez toujours l'instant présent, vous ne pouvez pas prendre conscience du chemin parcouru. En revanche, si vous vous déplacez quelquefois dans le temps, vous pouvez comparer, mesurer les progrès, ce qu'il reste encore à accomplir.

Chapitre 5

Une recherche à partir de vos émotions : « Qu'est-ce qui vous fait vivre ? »

« Il y a des gens qui voient les choses comme elles sont
et qui se demandent : "Pourquoi ?"
Il y a des gens qui rêvent les choses comme elles n'ont jamais été
et qui se demandent : "Pourquoi pas ?" »
George Bernard Shaw

Dans ce chapitre, nous quittons le domaine du rationnel si rassurant. Rassurant parce que c'est souvent, surtout si vous avez suivi un cursus scientifique ou technique, la seule dimension que vous ayez développée à l'école.

Nous examinerons d'abord la nature des émotions que vous ressentez quelquefois malgré vous, et leur structure. Cela vous permettra de mieux les comprendre et les accepter. Vous vous livrerez ensuite, si vous le voulez, à un travail de recherche sur vous-même. Vos croyances sont liées à certaines de vos émotions et regroupées en un système dynamique qui conduit à la question : « Qu'est-ce qui me fait vivre ? ». Cette question est au cœur de votre motivation. La connaître augmentera votre cohésion. En ouvrir le champ d'application et ajouter d'autres réponses élargiront votre horizon et vous donneront d'autres choix de fonctionnement.

Si apprivoiser votre inconscient ne vous fait pas peur, si vous avez suffisamment confiance en vous pour vous aventurer sur ces *terrae incognitae*, alors vous ne regretterez pas de vous être livré aux exercices qui suivent. D'autant qu'ils ont un côté ludique qui vous séduira.

1. Comment apprivoiser vos émotions ?

Il importe d'abord de distinguer entre *état interne*, au sens où l'entend la programmation neurolinguistique[1], et *émotions*. Rappelons que l'état interne est l'un des trois secteurs où peut se trouver, à un moment donné, le projecteur de votre conscience, les deux autres étant le comportement externe (ce que vous faites, votre communication verbale et non verbale) et les processus internes (ce que vous pensez et comment vous pensez, les programmes, les valeurs et les croyances). Dans le secteur de l'état interne, c'est-à-dire l'état dans lequel vous êtes, ce que vous ressentez, se trouvent vos sensations, vos perceptions et vos émotions.

Sensation, perception, émotion : trois concepts à bien distinguer

« Nos sensations sont purement passives
au lieu que toutes nos perceptions naissent d'un principe qui juge. »
Jean-Jacques Rousseau

« En sortant de l'ascenseur qui ramène des profondeurs de l'aven d'Orgnac, j'ai eu la sensation d'une lumière aveuglante et d'une véritable fournaise. On perçoit tout de suite la différence entre ces deux mondes... Quelle émotion ! » Lorsque vous avez une *sensation*, vous prenez conscience d'une modification physiologique due à une stimulation externe ou interne. On pourrait parler de *perception primaire*, visuelle ou auditive. Les informations sensorielles ont été trop brèves pour être traitées : « c'était un son grave et irrégulier...» ou « c'était une odeur suave...» et c'est tout ce que vous pouvez en dire.

Pour que vous puissiez parler de *perception*, il faut que vous ayez traité les informations utiles et que vous les ayez identifiées comme étant tel objet ou telle situation globale. Ce qui implique que les aires primaires associatives de votre cortex soient intervenues. On sait, par exemple, que lorsqu'on s'est habitué à un cadre de vie, on ne le perçoit plus. Vous ne voyez plus le tableau sur le mur de votre salle de séjour. Vous ne percevez plus, après un certain temps, le brouhaha de la rue, le tic-tac de la pendule ou le ronronnement du

1. Voir chapitre 3-1.

moteur de votre voiture en vitesse stable. Pour percevoir, il faut que vous ayez intégré deux systèmes de saisie, ce qui peut se faire par :

• Le contraste ou le changement dû à deux images successives légèrement différentes ou même aux simples micro-mouvements de vos yeux. Par exemple, vous ne percevez l'odeur d'une pièce que si vous en sortez et si vous y revenez. Mais, vous vous habituez à votre eau de toilette ou... à votre mauvaise haleine, au point de ne plus les sentir.

• L'apprentissage : « la perception est une construction qui s'élabore avec l'âge, étape par étape » a écrit Jean Piaget. La perception de l'espace, par exemple, passe par des étapes chronologiques bien définies[1] : percevoir la direction de la verticale, la troisième dimension, anticiper et prévoir les mouvements, etc. Autre exemple d'apprentissage nécessaire : s'habituer à de nouvelles lunettes ou à des verres à foyer variable.

Une émotion est une étiquette, un nom que l'on donne à un ensemble de sensations. C'est une *métaexpérience*, structurée par le cerveau et notamment par le thalamus et l'hypothalamus. C'est une *interprétation* de ce qui a été perçu par l'un ou l'autre de vos sens.

Exemple

Astérix et les Normands

« Alors, comme ça, en ce moment tu as peur ? - Ben oui, j'ai des sueurs froides, la tête vide, l'estomac noué...» Ce qui revient à écrire l'équivalence : peur = sueurs froides + tête vide + estomac noué. D'où la traduction en sens inverse, toujours dans Astérix et les Normands : « À l'idée d'entendre ça encore une fois, mes genoux tremblent, mes dents claquent, des sueurs froides couvrent mon front et mon estomac se noue ! - bref : tu as peur !» Et cette étiquette mise sur un ensemble de sensations est propre à chacun d'entre nous et, la plupart du temps, différente pour chacun.

Au départ, un bébé a deux types d'émotions :« ça va » ou « ça va pas ». En d'autres termes, il ressent du *plaisir* ou du *déplaisir*, lié à un certain nombre de programmes de survie :

1. Voir l'article « Le mouvement à l'origine de l'intelligence ? » de Jacques Droulez, de l'École de Médecine de Paris, chargé de recherche au CNRS, dans le numéro hors série de *Science et Vie* « Le cerveau et l'intelligence », décembre 1991.

• *S'alimenter* : la faim, la soif sont des états internes et non des émotions. Dans nos civilisations occidentales, on ignore assez généralement la sensation de faim. On a envie de manger, de boire, mais c'est très différent.

• *Être en sécurité* avec un confort minimal, notamment, ressentir une bonne température, être tenu bien calé, être en contact avec la mère, pouvoir communiquer quand ça va et quand ça va pas, etc.

• *Communiquer* : si le bébé ne ressent pas une communication intense entre la personne qui le nourrit et lui, il se sent très mal. Il va donc se synchroniser sur les gestes et sur la voix de cette personne, jusqu'à la fusion originelle du fœtus. En somme, la synchronisation est, au départ, de la survie.

Une émotion est obligatoirement créée par un *déclencheur externe*, par exemple la température du bain. Alors se manifeste la réaction *ça va* ou *ça va pas*. À ce stade, il s'agit d'une situation de stress ou non. Ne pouvant faire de distinctions, le bébé n'a pas de choix. Au cours de l'étape suivante, le bébé apprend à *différencier* le plaisir, la peur, la colère, la tristesse, etc. Sans doute, prend-il d'abord conscience de ce qui manque : la soif, la faim. Puis la peur de manquer, la crainte, l'anxiété, la terreur, etc. Ensuite, la colère, l'irritation, la rage, la fureur. En troisième lieu, la tristesse, le regret, la déception, le désespoir, la mélancolie, etc. Enfin, le dégoût qui n'est lié à aucune des émotions précédentes.

Quelques caractéristiques concernant les émotions

Pour que vous éprouviez une émotion, il faut un *déclencheur externe*. Mais, vous n'en avez pas toujours conscience. Vous pouvez vous rappeler une image interne, une manifestation auditive interne, sans que vous soyez capable de trouver ce qui a déclenché cette image, cette manifestation. Et le parcours d'association d'idées peut être long. En fait, le dernier déclencheur peut donc être considéré comme *interne*.

Exemple

Cela rappelle l'expérience des rats de laboratoire sur lesquels on a posé une électrode, à l'endroit précis de l'hypothalamus. Une décharge électrique appropriée, qui se produit chaque fois que l'animal appuie sur une pédale, provoque la sécrétion d'endomorphine, hormone qui déclenche une sensation de plaisir. Ces rats meurent de plaisir, – ou, plutôt, de soif et de faim – parce qu'ils en oublient de boire et de manger, bien qu'ils aient ce qu'il faut à disposition. Bref, ils se «shootent» à l'endomorphine. Cela ressemble fort au processus utilisé par ceux, parmi nous, qui se « shootent » au travail.

Une émotion comme la peur est souvent déclenchée par des expériences qui ne sont pas conscientes et engendre le même comportement externe, les mêmes processus internes. L'étiquette *peur* joue le rôle *d'ancrage*. **Changer le mot, donc enrichir votre vocabulaire, vous donnera plus de choix, à condition que vous connectiez ce nouveau nom à des expériences.**

Une émotion qui affleure signifie qu'un *critère* important vient d'être violé ou rempli et que l'impact a été fort. Les émotions ne sont, en soi, ni bonnes, ni mauvaises. Ce ne sont que des signaux physiologiques dont il faut prendre conscience et qu'il est utile de comprendre. Décryptez les messages que véhiculent vos émotions.

Exemple

Un jour, un messager arrive à la cour du roi. Il annonce que la fille du roi a épousé, en secret, le fils du pire ennemi du roi. Le roi entre dans une colère épouvantable et, sur-le-champ, tue le messager. Avant d'enterrer ce dernier, on lui retire ses vêtements et on s'aperçoit alors que le messager n'est autre que la fille du roi qui avait utilisé ce subterfuge par peur d'annoncer elle-même la nouvelle à son père. **Ne tuez jamais le messager**. **Ne tuez jamais les émotions**.

Deux remarques importantes en ce qui concerne les émotions.

• **Vous ne pouvez pas éprouver, en même temps, deux émotions opposées**. Vous pouvez passer de l'une à l'autre, mais vous ne pouvez pas les ressentir simultanément. En effet, un *ancrage* connecte, à travers le cerveau limbique, une émotion à une expérience. Lorsque vous faites parvenir un message agréable au cerveau limbique, celui-ci secrète de l'endomorphine, l'hormone du plaisir. Si vous envoyez ensuite un signal désagréable, la production d'endomorphine cesse et l'émotion désagréable s'installe progressivement. Mais si vous émettez les deux signaux en même temps, l'endomorphine submerge le système et crée un chemin prioritaire qui désorganise l'assemblée de neurones liée à l'émotion négative. Ce qui reste, c'est un commentaire concernant cette émotion, une *métaémotion*.

• **Vous ne pouvez pas leurrer votre cerveau au niveau des images qu'il vous crée**. Un jour, vous recevez un appel téléphonique en provenance de l'Élysée. On vous dit que le président de la République voulant renouer avec une tradition républicaine instituée par le président Valéry Giscard d'Estaing souhaite que vous l'invitiez à dîner, dans trois semaines exactement. En toute simplicité, comme si vous invitiez des amis. Vous donnez votre accord. Comment d'ailleurs pourriez-vous faire autrement ? Pensez maintenant à ce qui vous arrive... Faites-vous une image de ce repas. Voyez-en bien les contours, les couleurs, la lumière, les contrastes. Ecoutez les bruits, les conversations peut-être... Ressentez bien l'émotion que vous procure cette image...

Une heure plus tard, vous recevez un deuxième appel en provenance du palais de l'Élysée. Désolé, mais le Président a un contretemps. Rassurez-vous, il peut venir... Ce soir ! Bien sûr, pour vous faciliter les choses, il vous envoie quelqu'un aussitôt ! Est-ce que cela change quelque chose ? L'image a-t-elle un impact différent ? Je présume que pour la plupart d'entre vous, celui-ci est plus fort.

Cette expérience est à rapprocher du test de l'écologie d'un objectif vérifié en plaçant l'image de l'objectif réalisé sur la ligne du temps[1].

Recherchez la structure de vos émotions

Écrivez sur une feuille de papier, ce que vous avez fait depuis une quinzaine de jours, en terme d'activités et de comportements. Des actions relativement répétitives comme : « j'ai été en prise directe avec des gens à telle ou telle occasion, j'ai joué avec mes enfants, j'ai lu tel livre, j'ai fait telle chose sur le plan professionnel, etc. » Commencez...

1. Voir chapitre 6.

Exemple

Liste écrite par Paul au cours d'un stage

Nous accompagnerons Paul dans sa recherche, tout au long de ce chapitre : me rendre à des invitations pour y rencontrer des personnes inconnues ; manger ; me réveiller et faire ma toilette ; rencontrer mes collaborateurs comme ça pour le plaisir ; me familiariser avec mon ordinateur portable ; monter des films vidéo ; envoyer et recevoir des cartes de vœux ; lire des articles de revues ; préparer des stages de formation ; envoyer un questionnaire pour préparer un audit ; négocier avec mon patron, avec un collègue ; écrire des articles, des notes, des lettres ; aider ma secrétaire ou quelqu'un qui en a besoin ; préparer des vacances ; faire mon jogging hebdomadaire ; nettoyer, arranger le jardin.

Interrogez-vous maintenant sur les émotions que ces activités ou ces comportements vous donnent habituellement. Le répertoire ci-dessous vous y aidera.

Quelques états émotionnels			
Joie, envie de plaire *aller vers*	**Tristesse** *repli en soi-même*	**Colère** *aller contre*	**Peur, blocage** *aller loin de, être bloqué*
à l'aise	abattu	agacé	angoissé
admiratif	aigri	agressif	anxieux
amical	amer	assuré	apeuré
amoureux	apathique	audacieux	bleu de peur
amusé	cafardeux	blessé	bloqué
attendri	chagrin	choqué	coupable
attiré	confus	combatif	craintif
bienheureux	contrarié	contrarié	déboussolé
chaleureux	contrit	crispé	désorienté
charmé	découragé	cynique	effrayé
confiant	déçu	déterminé	embarrassé
content	dégoûté	dur	empêtré
curieux	déprimé	échauffé	glacé
détendu	désabusé	en colère	hésitant
ébahi	désenchanté	en ébullition	impuissant
émerveillé	désespéré	en rage	inquiet
émoustillé	écœuré	exaspéré	insatisfait
enjoué	ennuyé	excédé	interdit
enthousiaste	éploré	fâché	intimidé
euphorique	fermé	furieux	irrésolu
exalté	frustré	frénétique	lâche
fasciné	honteux	froissé	méfiant
gai	indifférent	frustré	nerveux
guilleret	malheureux	grognon	obsédé
heureux	mélancolique	hardi	perplexe
hilare	mortifié	humilié	pessimiste
intéressé	nauséeux	hystérique	préoccupé
joyeux	noir de tristesse	irrité	prudent
motivé	nostalgique	jaloux	sceptique
passionné	peiné	mécontent	sidéré
plein d'espoir	plein de regrets	plein d'amertume	soucieux
réconforté	plein de remords	plein d'aplomb	soupçonneux
réjoui	rejeté	plein de haine	stressé
rouge de plaisir	résigné	résolu	tendu
satisfait	sombre	révolté	terrifié
serein	submergé	tendu	tourmenté
séduit	triste	vert de rage	tracassé
sexy	vide	vexé	troublé

Pour Paul, voici ce que l'exercice a donné, après regroupement par émotions semblables :

– *me rendre à des invitations...* – *préparer des stages de formation* – *négocier avec mon patron...*	– une suite d'émotions bien précises : manque d'audace, inquiétude, découverte, bonheur, joie, plénitude
– *manger*	– prendre du plaisir
– *aider quelqu'un qui en a besoin* – *nettoyer, arranger le jardin*	– faire plaisir, fidèle, consciencieux
– *me réveiller et faire ma toilette*	– « chouette une bonne journée ! », se revigorer
– *rencontrer mes collaborateurs...*	– chaleureux, communicant
– *lire des articles de revues* – *me familiariser avec mon portable* – *monter des films vidéo*	– plaisir de découvrir et de vaincre des choses complexes
– *envoyer et recevoir des vœux*	– nouer ou renouer des liens
– *préparer un audit* – *écrire des articles...*	– aider les autres et les influencer
– *faire mon jogging hebdomadaire*	– fidèle, consciencieux
– *préparer des vacances*	– joie du changement, apprivoiser l'inconnu

2. Découvrez ce qui vous fait vivre[1]

Vos croyances sont liées à certaines émotions et regroupées en un système dynamique dont le niveau le plus élevé conduit à la question fondamentale : « Qu'est-ce qui me fait vivre ? ». Cette interrogation est un moteur puissant de motivation. Mais elle contient aussi, en elle-même, ses propres limites. Si vous devenez conscient de ce qui sous-tend votre raison de vivre, vous pourrez augmenter votre cohésion personnelle et élargir le nombre des réponses possibles à la question fondamentale, donc développer des choix.

Important

La structure de vos émotions étant gérée par votre inconscient, vous ne pouvez pas faire seul cette recherche. Choisissez un partenaire en qui vous ayez confiance. Vous pourrez faire, pour lui, le même travail qu'il fera pour vous.

1. La procédure qui suit est la procédure de recherche du métamessage des émotions du Centre d'Application de la PNL, 95 806 - Cergy-Pontoise Cedex. ✆ (1) 30 38 89 00.

I

➤ *Première étape*

À tour de rôle, déterminez quels sont les quatre métaprogrammes les plus importants de votre partenaire. Questionnez-le pour qu'il vous donne des expériences dans lesquelles ces programmes fonctionnent merveilleusement bien. Demandez-lui de vous donner d'autres expériences dans lesquelles, au contraire, ces programmes ne sont pas utilisés. Quels types d'émotions a-t-il éprouvés chaque fois ?

Remarques

Une émotion est contagieuse et peut se transmettre d'une *partie*[1] de vous-même à une autre. C'est de l'énergie qui, grâce aux hormones sécrétées, génère des changements, en particulier au niveau des émanations que vous émettez. Vous savez bien qu'on ressent, chez son vis-à-vis, un certain nombre de choses sans trop savoir pourquoi. Vous savez aussi qu'un chien détecte très bien si vous avez peur de lui ou non.

Respirer au même rythme que votre interlocuteur peut vous aider à avoir des idées justes sur les émotions qu'il vit. Une émotion est généreuse. Tout le monde peut en profiter, d'autant plus que celle-ci est intense. Et parce qu'on ne peut pas avoir plusieurs émotions en même temps, l'exaltation qui déclenche le fou rire ou l'ennui qui provoque le bâillement sont très communicatifs. Certains groupes de formation donnent de l'énergie à l'animateur. D'autres l'épuisent.

Émotion et sentiment ne sont pas synonymes. Une émotion (du latin *ex-movere,* faire mouvement à partir de) est une réaction affective qui se manifeste par des mouvements neurovégétatifs, comme pâlir, rougir, avoir le pouls qui accélère, avoir des palpitations, des tremblements, être abattu. Un sentiment est un état affectif plus complexe, stable et durable, lié à des représentations. « Un sentiment naît, grandit, s'épanouit, se dessèche comme une plante, par une évolution... » (Paul Bourget). Vous pouvez, par exemple, éprouver une émotion de peur, mais avoir un sentiment d'insécurité.

1. En PNL, une partie est une sous-personnalité considérée comme responsable d'un comportement, d'un mode de vie et ayant une identité particulière. Par exemple : votre *partie créative*.

Résultats de cette première étape pour Paul[1]

– *tri personnes*	– chaleureux, communicant, aider les autres et les influencer, plaisir de donner, plénitude
– *différenciation (mismatch)*	– manque d'audace, inquiétude, frustration, mécontentement
– *implication active*	– aider les autres, joie du changement, apprivoiser l'inconnu, plaisir de découvrir, satisfaction
– *cadre de référence interne*	– fidèle, consciencieux, satisfaction

I

➤ *Deuxième étape*

Notez, pour vous-même, toutes les émotions que vous avez trouvées précédemment, dans les deux premières colonnes du tableau ci-dessous, et sélectionnez les dix plus fréquentes qui constitueront votre *top ten.*

Les émotions fréquentes de Paul		**Son top ten**
– inquiétude	– influencer	– inquiétude
– plaisir de découvrir	– consciencieux	– plaisir de découvrir
– bonheur, joie, plénitude	– chaleureux	– aider les autres (donner du plaisir)
– prendre du plaisir	– satisfaction	– consciencieux
– se revigorer	– joie du changement	– chaleureux
– « chouette une bonne journée ! »	– frustration	– satisfaction
– joie de vaincre des choses complexes	– impuissance, amertume	– joie du changement
– nouer, renouer des liens	– manque d'audace	– frustration
– fidèle	– pouvoir	– manque d'audace
– aider les autres	– mécontentement	– bonheur, joie, plénitude

II

➤ *Troisième étape*

Remplissez, chacun à tour de rôle, un tableau de la structure des émotions de votre partenaire, tel que celui ci-contre, après avoir inscrit dans les colonnes les dix émotions du *top ten* de celui-ci.

1. Nous sautons ici la recherche des métaprogrammes les plus fréquents de Paul (voir chapitre 12). Après cela, Paul a repris la plupart des émotions de sa feuille, indiquées page 62.

	Inquiétude	**Plaisir de découvrir**	**Aider les autres**	**Consciencieux**	**Chaleureux**	**Satisfaction**	**Joie du changement**	**Frustration**	**Manque d'audace**	**Bonheur, joie, plénitude**
Intensité	variable	variable	forte	forte	forte	forte	forte	variable	forte	forte
Tempo (vitesse)	rapide	rapide	lent	rapide	lent	lent	rapide	rapide	lent	lent
Tempo (régularité)	irrégulier	variable	régulier	régulier	régulier	régulier	irrégulier	irrégulier	irrégulier	régulier
Représentation	floue	nette	nette	nette	nette	nette	flashes	floue	floue	nette
Découpage	grand	grand à petit	grand	petit	grand	grand	grand à petit	grand	grand à petit	grand
Comparaison *match/mismatch*	*mismatch*	*match*	*match*	*match*	*match*	*match*	*mismatch*	*mismatch*	*mismatch*	*match*
Implication	réceptif	actif	actif	actif	actif et réceptif	réceptif	actif	réceptif	réceptif	actif et réceptif
Temps	futur	présent	présent	présent	–	passé et présent	présent	présent	présent et futur	futur
Opérateurs modaux	« je sais faire, il faut »	–	« il faut y arriver »	«il faut faire ce qui doit être fait »	« c'est comme ça qu'il faut faire »	« ça vaut la peine de... »	–	–	–	–
Critères et programmes décryptés	ne pas être à la hauteur, ignorer, sous-estimer	« les changements ne modifient pas l'essentiel, l'homme reste lui-même » *tri* personnes, comportement	« on doit progresser ensemble », le partage *tri* personnes, comportement	« je fais bien les choses », risque de perdre la face, de faire de la peine *tri* activités, *tri* personnes, comportement	*tri* personnes, comportement	« pouvoir être vrai » *tri* activités	« progresser ensemble »	« pas de remords. Le passé sert seulement pour la suite »	peur de ne pas être à la hauteur	« être enthousiaste, entreprendre » *tri* activités, *tri* personnes

Recommandations avant de remplir le tableau

• Il faut que vous soyez en conscience externe, que votre attention soit flottante et que vous découpiez large.

• Les émotions ont une structure qui comprend des éléments liés à certains programmes et d'autres liés à des perceptions kinesthésiques. Le rythme de l'émotion est souvent lié à l'intensité, mais pas toujours. Exemple : *vigilance, extase* ont une intensité forte et un tempo lent.

• Prenez chacune des émotions du *top ten* de votre partenaire et demandez-lui de vous raconter deux expériences au cours desquelles il éprouve cette émotion. Passez en revue les éléments de structure portés sur les lignes de la grille en proposant votre hypothèse. Si votre sujet ne vous contredit pas, prenez votre hypothèse pour bonne.

• Complétez le tableau avec les critères de votre sujet : quelle *valeur* remplit-il avec cette émotion ou, pour les émotions négatives, qu'est-ce qui le gêne ? Quels *tris primaires* sont présents dans l'expérience ? « Comment... » ou « Quoi faire pour... » correspond plutôt au tri activités. « Pourquoi » ou « En quoi... », au *tri informations*. « Suis-je... » au *tri personnes*. Le *tri lieu* est très secondaire, dans le cas présent.

Important

Ne proposez jamais un autre nom pour l'émotion dont vous parle votre partenaire. Dans notre recherche, nous ne faisons pas de sémantique. Rappelez-vous que ce nom est l'étiquette que chacun met sur son émotion et qu'elle est spécifique à chacun. Et, en la matière, chacun sait de quoi il parle précisément.

Les éléments les plus déterminants pour rechercher la question vitale

Tris primaires : activités, personnes, informations
Comparaison et identification/différenciation
Implication active ou réceptive
Orientation du temps
Valeurs ou critères

Démonstration avec Catherine

Dominique : Catherine, chaque fois qu'on évoquera une émotion, tu te connecteras à celle-ci... À ce moment-là, tu me diras les caractéristiques de l'image que tu vois, en terme de sous-modalités : par exemple, c'est une image petite, nette, etc. En termes de programme : *match*, découpage grand, orienté futur, etc. Les éléments de perception kinesthésique : intensité moyenne, rythme régulier. On peut commencer ? Quelle est la première émotion de ton *top ten* ?

Catherine : « en proie au doute ».

Dominique : Fais-toi une image... Qu'est-ce qui t'apparaît comme caractéristique ?

- l'image est très floue, petite, c'est un grand... non, un petit découpage...
- l'un ou l'autre ?
- je ne sais pas !
- bon ! Ce n'est peut-être pas déterminant. Dans ton image, tu veux ou tu ne veux plus ?
- plutôt je ne veux plus.
- oui !... Ta sensation est régulière ou irrégulière ?
- irrégulière.
- d'accord ! Cette image représente ce dont tu ne veux plus et qui est là ou ce qui te manque ?
- si je savais ce qui manque, j'irais le chercher et je ne serais plus dans le doute.
- donc, tu es réceptive ; le temps maintenant ?
- ce peut être passé, présent ou futur.
- est-ce que c'est quelque chose qui vient comme ça ou vers lequel tu vas ?

Rires de Catherine et des stagiaires.

Dominique : d'accord, c'est bien réceptif !

Grille de la structure des émotions

Émotions liées à la physiologie : regardez bien la respiration, écoutez la voix, calibrez le visage : quel est l'impact ?

1 - Intensité : c'est le niveau énergétique intérieur
faible (agacement, irritation), moyenne (exaspération, colère), forte (rage).

2 - Tempo / rythme de l'émotion :
lent (apathique, indifférent), moyen (curieux), rapide (enthousiaste, passionné)
régulier (calme, déterminé), irrégulier (anxieux, inquiet, excité, frénétique).

Émotions liées aux processus internes :

3 - Qualité de la représentation :
riche, claire, détaillée, colorée (motivé, enthousiaste), vague, sombre, floue, distordue (inquiet, anxieux, angoissé, confus, en proie au doute).

4 - Taille de découpage :
grande (serein, béat), moyenne (satisfait), petite (obsédé). ▶

5 - Comparaison, matching/mismatching : quel processus pour obtenir l'émotion ?
comparaison (hésitant, envieux, jaloux), matching (confiant, satisfait), mismatching (frustré, curieux).
6 - Implication : quand il a cette émotion, agit-il sur le monde ou le subit-il ?
actif (furieux, agressif, en colère, sûr de soi, déterminé, volontaire, passionné), réceptif (ennuyé, découragé, inquiet, troublé, attendri, confiant, plein d'espoir).
7 - Opérateurs modaux : écouter et noter au fur et à mesure
il faut que je l'aie (enthousiaste ou... anxieux), je peux l'avoir (concentré, plein d'espoir), j'aurais dû (coupable), je vais (décidé, déterminé), si je pouvais (frustré), je vais essayer de (hésitant, impuissant), je ne peux échouer (confiant).
8 - Orientation dans le temps :
orientation vers le passé (nostalgique, plein d'amertume, de remords, de regrets, déçu, coupable, satisfait, serein), orientation vers le présent (frustré, contrarié, joyeux, béat), orientation vers le futur (angoissé, inquiet, peureux, excité, plein d'espoir).
9 - Critères : quelles valeurs sont remplies ou violées pour que l'émotion soit là ?

Recherchez la question qui sous-tend votre vie

Pour que vous éprouviez une émotion, il faut que vous ayez perçu un ensemble de sensations auquel vous donnez un sens en lui donnant un nom. Ne pouvant être expérimentées directement à travers l'un ou l'autre de nos sens, les émotions sont donc des *métaexpériences*. Cela explique que vos émotions se soient différenciées tout au long de votre croissance.

Vos émotions ne sont, en soi, ni bonnes ni mauvaises. Ce sont des messages qu'il vous faut apprendre à décoder. Elles vous sont toutes utiles, car elles sont en ligne directe avec votre inconscient. Vous comprenez sans doute mieux pourquoi il est possible de contrôler l'écologie d'un objectif en testant l'émotion engendrée par sa visualisation sur la ligne du temps (voir chapitre 6).

➤ *Quelques pistes de recherche*

Votre partenaire...	***Forme de la question***
... évalue souvent les résultats de ses comportements.	– *Comment pourrais-je faire... ?* ou – *Comment devrais-je faire... ?*
... s'évalue lui-même ou remet en cause ses propres aptitudes.	– *Que devrais-je faire... ?* ou – *Suis-je capable.. ?* ou *Puis-je... ?*
... est souvent freiné par des frustrations.	– *Comment obtenir ce que je veux... ?*
... a souvent l'impression d'avoir trop à faire ou de manquer de temps.	– *Comment dois-je faire... ?*
... classe ses émotions en bien ou mal.	– une question à réponse tranchée : oui/non.

Grille de structure de la question vitale

1 - La question vitale peut se mettre sous l'une des trois formes suivantes, liées aux trois *tris primaires activités, personnes, informations* :
- *Comment faire pour...?* ou *En quoi ce que je fais...?*, centré sur les activités.
- *Qu'est-ce qui...?* ou *Pourquoi...?*, centré sur les informations.
- *Est-ce que je suis...?*, centré sur les personnes.

2 - La question vitale comporte un verbe, avec ou sans opérateur modal, fréquemment utilisé dans les exemples et dans les structures des états émotionnels décrits et traduisant l'*implication active ou réceptive*.

3 - Le *cadre du temps*, passé, présent ou futur, est marqué, soit par le temps de l'opérateur modal, soit par un adverbe de temps (maintenant, demain, etc.).

4 - Souvent, l'un des *critères* du sujet est traduit par un verbe ou une nominalisation.

5 - La question est *personnalisée* et marquée par « je », « me », « mon », etc.

6 - *La réponse est indéterminée*. Par exemple : « en quoi suis-je meilleur que les autres ? » peut provoquer soit une réponse telle que : « en rien ! », soit une liste impressionnante de qualités.

➤ *Exemples de questions vitales*

Tri personnes
- En quoi suis-je meilleur(e) que les autres ?
- Qu'est-ce que je veux, vraiment, pour moi ?
- Suis-je (ou vais-je arriver à être) heureux(se) ?
- Comment est-ce possible pour moi de vivre en m'aimant ?
- Suis-je assez bien (bon) ?

Tri activités
- Comment trouver ma place ?
- Que dois-je faire, maintenant, pour y arriver ?
- Qu'est-ce que je vais être capable de faire ?
- Comment être à la hauteur ?
- Suis-je en train de faire ce que je veux ?
- Est-ce que je fais ce qu'il faut pour être reconnu(e) (ou aimé(e)) ?
- Comment vais-je faire pour aller jusqu'au bout ?

Tri informations
- Qu'y a-t-il d'intéressant à apprendre maintenant ?
- Vais-je y arriver ?
- Est-ce que j'en sais assez ?
- Pourquoi ne suis-je pas encore ce que je devrais être ?
- Suis-je en train d'apprendre tout ce dont j'aurai besoin ?
- En quoi cette situation m'est-elle utile ?

➤ *Application à la recherche de la question vitale de Paul*

En regardant le tableau de la page 65, quels éléments importants avons-nous :
- tri personnes et tri activités
- match/mismatch n'est pas vraiment déterminant
- cadre du temps présent et futur
- critères : « être ou ne pas être à la hauteur », « les choses changent, l'essentiel reste », « on doit progresser ensemble », « je fais bien les choses », « pouvoir être vrai ».

Qu'auriez-vous essayé, à la place de son partenaire ? Prenez un moment, et une feuille de papier, pour imaginer sept ou huit interrogations possibles avec ces données. Vous trouverez les propositions du partenaire et le choix de Paul faits lors du stage à la page 72.

➤ *Quelques remarques concernant la question vitale*

Si vous avez du mal à vous remémorer la question vitale que vous avez acceptée, c'est bon signe. Comme les croyances, elle se situe au niveau de l'inconscient et y retourne très vite. Sa découverte provoque cependant moins de réaction, moins de picotements que celle d'une croyance. Parce qu'elle est moins limitante. C'est un *méta-*

message qui génère de l'impact quand vous l'entendez. Et surtout, la question vitale éclaire un certain nombre de nos réactions, de nos expériences, de nos comportements.

Par exemple, arriver – souvent – en retard :

- Pour Claudine, c'est une manière d'avoir une réponse à sa question vitale : « Suis-je quelqu'un de bien ? » En effet, « Si on m'attend, se dit-elle, c'est que je vaux la peine, je suis donc quelqu'un de bien ! »
- Curieusement, pour Marie-Claude, ses retards lui servent de test pour une toute autre question, la sienne : « Suis-je à la hauteur ? » Et la réponse est souvent : « Non, vous voyez bien... Pas encore ! Veuillez m'excuser ! Mais, cette fois, je n'y étais vraiment pour rien ! ».

Il arrive à Claudine de tester sa question vitale dans bien d'autres circonstances. Par exemple, en faisant de nombreux petits cadeaux, pour toutes les circonstances imaginables, en réunissant très souvent une foule d'amis, en envoyant cinquante cartes postales pendant ses vacances ou, au contraire, en ne se manifestant plus du tout... pendant un certain temps. Le temps de s'apercevoir « qu'on est en train d'oublier... quelqu'un de bien : Claudine ! »

La question vitale donne un sens à un grand nombre de vos comportements. Elle donne aussi de la cohérence à votre vie. On peut faire l'hypothèse que la question vitale structure chacun de nous relativement tôt. Elle se transmet à toutes nos *parties* qui s'organisent pour donner, chacune, une réponse à ce *métamessage*. Et ces réponses sont nos croyances.

Le message vital, par sa forme même, n'est jamais bloquant. La question paraît limitante, mais non la réponse. Dans l'exemple de Claudine, dont la question vitale est « suis-je quelqu'un de bien ? », peut-être pouvez-vous penser que les seules réponses sont « oui » ou « non » ? En réalité, le choix est beaucoup plus varié : « c'est vrai quand je fais ceci, mais c'est faux quand je fais cela » ou encore « je ne suis pas encore tout à fait quelqu'un de bien, mais je progresse ! » Et les émotions qui habitent alors Claudine, sont liées à sa façon de répondre. Dans la dernière réponse citée, sont sous-jacents un *tri personnes*, un *cadre de référence externe*. Cela implique des hésitations : d'un côté, oui, de l'autre, non. Le programme *différencier* est largement à l'œuvre : « je ne suis pas sûre d'y arriver, mais je suis sur la bonne voie et je m'efforce de faire pas mal de choses pour cela ! » Ce message induit aussi des *comportements externes* de type *identification,* avec peut-être l'envie de râler, mais une grande retenue qui empêche de le faire et donc des abandons possibles.

En fait, la question vitale est une découverte qui mûrit lentement. De nouvelles émotions naissent. D'autres réponses viennent enrichir les premières.

Réponse de la page 70 : la question vitale de Paul
Les propositions du partenaire ont été les suivantes :
– Comment être à la hauteur ?
– Comment changer sans perdre l'essentiel ?
– Quoi faire pour progresser ensemble ?
– Que peut-on faire ensemble pour être à la hauteur ?
Finalement, l'interrogation qui a le plus convenu à Paul a été :
« Qu'est-ce que je peux faire pour être à la hauteur ? »

Chapitre 6
La ligne du temps

« Le temps parle. Il parle plus simplement que les mots.
Le message qu'il porte se transmet à haute voix et clairement.
Parce qu'il est utilisé moins consciemment,
il ne risque pas d'être dénaturé comme l'est le langage parlé.
Il peut clamer la vérité quand les mots mentent. »
Edward T. Hall

Le temps c'est beaucoup plus que de l'argent. La notion de temps recouvre une somme impressionnante de concepts, de phénomènes, de rythmes qui rendent compte d'une partie de la réalité. On peut dire qu'il existe autant de types de temps que d'êtres humains.

Quand nous faisons des choses aussi différentes qu'attendre un(e) ami(e), organiser une soirée, participer à une cérémonie, passer des vacances au soleil, assister à une représentation de *Carmen* à l'Opéra, nous rendre au travail, bloqué dans les embouteillages, préparer une soumission urgente, nous n'appréhendons pas le temps de la même façon. Combien de temps durera notre *dernière heure* ? Celle de Jésus-Christ a commencé un vendredi au coucher du soleil pour se terminer le dimanche au lever du soleil. Cela fait beaucoup plus que soixante minutes.

Il existe un temps des physiciens, défini en particulier par Albert Einstein. Ce n'est pas le même que celui des ingénieurs qui, généralement, ne prennent pas en compte la relativité. On parle beaucoup de biorythmes, de rythmes circadiens (ceux de la journée), de rythmes mensuels plus ou moins liés aux révolutions astrales. Si vous avez déjà fait un voyage suffisamment long, en empruntant un moyen de transport rapide comme l'avion, vous avez pu constater qu'il y a conflit entre votre temps interne et celui du pays dans lequel vous vous rendez. Et il faut un certain temps, plusieurs jours, pour, de nouveau, faire coïncider les jours et les nuits de votre horloge interne avec celles de l'horloge officielle du pays où vous vous trouvez maintenant.

Edward T. Hall, dans *La danse de la vie, temps culturel, temps vécu*[1], distingue neuf sortes de temps, dont le temps sacré, profane, métaphysique, physique, biologique et individuel. Sans aller aussi loin, nous aborderons, dans ce chapitre, divers aspects concernant la conscience que nous avons du temps et l'utilisation que nous en faisons, les notions qui suivent étant, à ma connaissance, encore peu abordées au cours des stages de *gestion du temps*.

1. Comment avez-vous intégré le temps ?

Vous appréhendez le monde extérieur avec vos organes des sens. À moins d'être handicapé, vous percevez les formes, les ombres et les lumières, les couleurs avec vos yeux. Vos oreilles vous permettent d'acquérir l'expérience des bruits, des sons extérieurs et celle de l'échange par la parole. Le sens du toucher, la peau, vous donne accès aux sensations tactiles. L'espace autour de vous est perçu de manière précise par l'ensemble de vos cinq sens. Mais vous ne possédez aucun organe pour appréhender le temps, sauf dans une durée longue : le soir qui tombe, le printemps qui éclôt, votre propre vieillissement perceptible par de multiples signes tels que les rides du visage, la baisse des performances physiques. Or, nous avons besoin de mesurer le temps.

Pour cela, les hommes, depuis longtemps, ont inventé des systèmes qui, tous, *transcodent le temps en espace*. Songez au sablier, au cadran solaire, à l'horloge, à la montre, à l'agenda, etc. Tous ces systèmes permettent de voir un volume de sable, une position d'index dans l'espace, des pages séquentielles, des colonnes avec les jours, le matin en haut, le soir en bas, etc. Une exception, qui est un *non-*

1. Editions du Seuil, 1984.

sens pour les jeunes enfants qui reçoivent un tel objet en cadeau, les montres digitales. Le concept du temps y est transcodé en symboles numériques tout aussi abstraits et peu perceptibles pour eux.

Vous avez sans doute intégré le temps entre sept et quatorze ans, comme la plupart des êtres humains, alors que vous avez assimilé l'espace beaucoup plus tôt. La *ligne du temps,* qui est développée dans la partie suivante, est un outil de la programmation neurolinguistique dû à Richard Bandler, probablement à la suite d'un séjour dans les îles Hawaï, chez les Polynésiens.

Un jeune enfant a des notions fragmentaires du temps. Il vit surtout l'instant présent. Dans deux jours, dans une semaine, dans trois ans, n'a pas beaucoup plus de sens que jamais. De là vient la notion fréquente d'abandon si l'absence d'un parent ou d'un proche dure plus de quelques jours. Il n'appréhende pas mieux l'évolution. Hier ou il y a dix ans, ce n'est pas vraiment différent. Si vous voulez lui faire prendre conscience que son père ou sa mère est absent cinq jours, il faut l'aider à se faire une représentation spatiale du temps. Avec des gestes de la main, vous pouvez lui expliquer que ce matin il a encore autant à attendre qu'il a déjà attendu et situer dans l'espace un jour, puis une nuit, puis encore un jour et une nuit, etc. Les calendriers de l'Avant où l'on ouvrait une petite fenêtre chaque semaine étaient bien commodes. C'est peut-être pour cela qu'ils se font de nouveau.

Il y a un moment au cours de l'enfance, souvent en classe, où la structuration de la semaine se met en place. C'est pourquoi il est important de nommer les jours. Nommer, c'est faire exister.

2. Prenez conscience de votre ligne du temps et utilisez-la

Comment donnez-vous un sens au temps qui s'écoule ? S'il n'organise pas complètement votre vie, il est tout de même important pour vous. Peut-être avez-vous appris à mieux *gérer votre temps* ? Le temps est-il pour vous un ami ou un ennemi ? Vous est-il indifférent ? Est-ce pour vous un cauchemar ou une ressource ? Quel type de relation entretenez-vous avec lui ? Comment savez-vous qu'un événement que vous voyez en image est un événement passé ou futur, puisque vous savez maintenant que le cerveau peut se donner une mémoire du futur ? Comment faites-vous la différence ? Prenez quelques minutes pour réfléchir à tout cela...

Le temps c'est d'abord des endroits dans l'espace. Faire la différence entre le passé et le futur, c'est un peu comme faire la différence entre le réel et l'imaginaire. La différence est essentiellement dans la manière dont vous vous représentez, dont vous visualisez l'expérience. Jusqu'où pouvez-vous vous projeter dans le futur ? Moins de cent ans ? Est-ce vraiment extraordinaire, pour vous, d'imaginer quelque chose qui vous arrivera dans cent ans ?

Temps et espace sont imbriqués. L'espace est quelque chose que vous pouvez voir, entendre, toucher. Pour bien comprendre le temps, il faut le relier à l'espace. Où est-ce pour vous : « maintenant » ? Laissez faire votre main qui sait où mettre *maintenant* dans l'espace. Et *demain... dans un an... hier... il y un an...* Laissez votre esprit inconscient guider votre main. Si vous faites cette expérience avec quelques amis, ne soyez pas surpris que leurs gestes soient différents. La localisation du temps est propre à chacun.

Découvrez votre ligne du temps

Il est plus facile, pour découvrir votre *ligne du temps*, de faire cette recherche avec un(e) partenaire. Vous trouverez ci-dessous une démonstration réelle dont vous pouvez vous inspirer pour, chacun à votre tour, découvrir vos lignes du temps.

Procédure pour identifier la ligne du temps

1. Demandez à votre partenaire de se faire des images d'une action banale, sans contenu affectif, qu'il fait tous les jours, et qu'il fera, sans doute, jusqu'à la fin de sa vie. Une action qui ne prend de l'importance que lorsqu'il ne peut pas la faire. Demandez-lui de s'en faire une image **dissociée**, c'est-à-dire où il se voit lui-même en train de faire cela :
   - dans le passé : il y a un mois, six mois, un an, deux ans, cinq ans,
   - dans le futur : dans un mois, six mois, un an, deux ans, cinq ans.
2. Lorsqu'il s'est fait ces images une à une, demandez-lui de se les représenter *ensemble*. Ainsi, il est obligé de *les ranger dans l'espace*. S'il vous dit que toutes ces images sont au même endroit, demandez-lui comment il fait la différence.

Deux images peuvent être très proches, mais il y a nécessairement un espace entre elles. Faites relier les endroits successifs des images avec la main. Reformulez bien. Dès que vous commencez à la percevoir, dessinez la forme de la ligne avec votre main.

3. Demandez ensuite les différences entre le passé et le futur, à l'intérieur du passé et à l'intérieur du futur, en termes de caractéristiques – en PNL, on appelle celles-ci sous-modalités visuelles : intensité de la lumière, des couleurs ou du noir et blanc, netteté des éléments, angle de vue, taille, dimensions, image plate (en deux dimensions) ou en relief (en trois dimensions).

Démonstration avec Nicole

Pierre : Nicole, retrouvez quelque chose que vous faites vraiment tous les jours, comme, par exemple, vous peigner, vous laver les dents... Ne retrouvez pas le lieu, mais plutôt l'image de vous-même en train de faire cela. Quelque chose que vous faites depuis vingt ans et que vous ferez encore dans vingt ans.
Nicole : Oui !... Me doucher.
Pierre : D'accord ! Faites-vous une image de vous, en train de prendre votre douche... aujourd'hui... dans un mois... dans un an..., dans deux ans... dans cinq ans... Maintenant, cette même image il y a un mois... un an... deux ans... cinq ans... À présent, regardez toutes ces images en même temps, et dans l'espace. Montrez-moi, avec la main, la position de ces images. Dans un mois... Dans un an... Dans deux ans... Dans cinq ans... Il y a un mois... un an... deux ans... cinq ans. Si on relie toutes ces images, cela fait une ligne, comme cela...
Pierre dessine dans l'espace avec la main.
Pierre : Quand vous regardez toutes ces images, les unes après les autres, y a-t-il des différences, en termes de sous-modalités visuelles ?
Nicole : Plus je vais loin dans le passé, plus les images deviennent sombres. Elles deviennent noir et blanc, à partir d'il y a deux ans.
Pierre : Les couleurs des images du passé, depuis deux ans, et celles des images du futur sont-elles aussi intenses ? Et sont-elles aussi brillantes dans un mois, un an, deux ans, cinq ans et dans le futur lointain ?
Nicole : Dans le futur lointain, cela devient de plus en plus flou. Les contours des éléments sont plus nets dans le futur proche.
Pierre : Oui ! Et pour ce qui est des couleurs ?
Nicole : Les couleurs sont plus vives dans le futur proche, plus pastel dans le futur lointain.
Pierre : Est-ce la même intensité de couleurs, dans six mois et il y a six mois ?
Nicole : C'est la même intensité de couleur, mais il y a moins de lumière dans le passé.
Pierre : Et dans deux ans ?
Nicole : Dans deux ans, c'est clair, les couleurs sont vives, franches.
Pierre : Et il y a un an ?
Nicole : Il y a un an, les couleurs sont sales.

Pierre : Et plus avant dans le passé ?
Nicole : Plus avant, c'est noir et blanc. Cela devient de plus en plus sombre, mais les contours des éléments sont toujours aussi nets, dans le passé lointain.
Pierre : Si j'ai bien compris, votre ligne du temps est comme ceci...
Pierre dessine sur une feuille de papier le schéma ci-dessous, complété avec les indications des sous-modalités. *Nicole donne son accord sur l'ensemble de la représentation.*

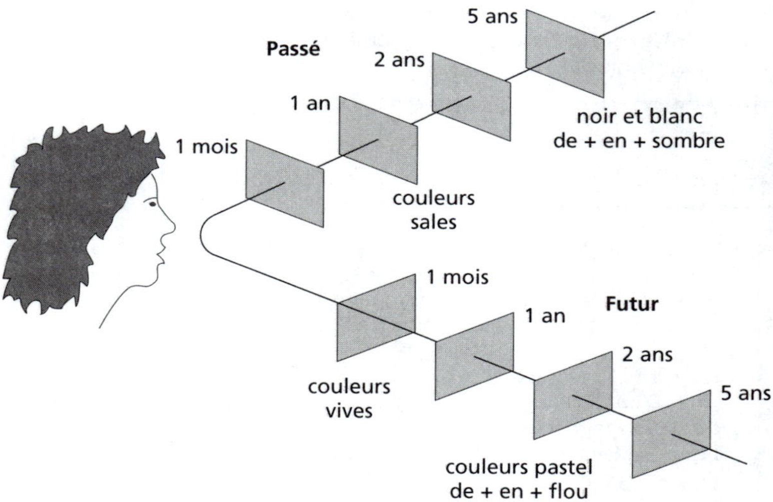

La ligne du temps de Nicole

La ligne du temps est la représentation dans l'espace, pour chacun de nous, de l'écoulement du temps. Tout se passe comme si les images mentales que nous nous faisons étaient stockées quelque part dans l'espace et le geste que nous esquissons pour désigner cet endroit n'est pas le fruit du hasard. Avec ce geste, nous indiquons précisément la position de l'image et sa dimension.

Caractéristiques de la ligne du temps

Chacun de nous a une ligne du temps qui lui est propre. Cependant, on peut distinguer généralement deux catégories principales de lignes du temps :

1. la ligne du passé et celle du futur sont devant la personne,
2. la ligne du passé est derrière et celle du futur est devant.

Pour les deux catégories, le présent est juste devant soi.

Important

> Il est préférable d'avoir sa ligne du temps du futur devant soi, pour voir son avenir, pour organiser son temps, pour prévoir le moyen et le long terme.

Toutefois, il existe des cas particuliers. Quelques personnes ont leur passé devant elles et leur futur derrière. Ces personnes disent qu'elles n'ont pas d'avenir. Elles dépriment.

J'ai rencontré une personne qui avait ses deux lignes du passé lointain et du futur lointain, confondues. Pour elle, le futur était une répétition du passé. Il n'y avait pas de différence entre ce qu'elle ferait dans l'avenir et ce qu'elle avait déjà fait dans le passé.

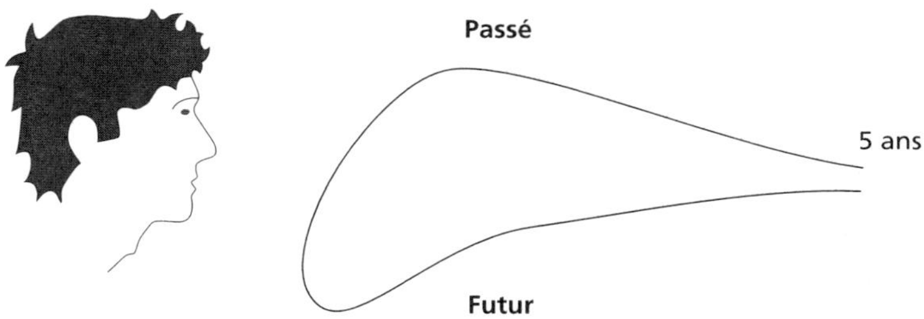

Conditions de bonne formulation de la ligne du temps

- On doit pouvoir regarder le futur. En particulier, il ne doit pas être caché par le passé.
- On doit percevoir des différences entre le passé et le futur, et pas seulement en termes de positions différentes dans l'espace, mais également en termes de sous-modalités visuelles.
- La ligne du temps doit être continue, sans interruption, sans endroit complètement sombre.

Avec la ligne du temps, vérifiez l'écologie d'un objectif et sa bonne date de prévision[1]

Ayez présent à l'esprit un objectif que vous voulez atteindre, par exemple, dans exactement six mois.

1. La procédure qui suit est celle du Centre d'Application de la PNL.

1. Assurez-vous d'abord de sa bonne formulation positive, sous votre maîtrise. Définissez bien le contexte et les étapes. Si vous avez des doutes quant à son écologie – cette histoire de bénéfice secondaire que vous risquez de perdre – pratiquez les étapes qui suivent.
2. Faites-vous une image complète, détaillée, sur laquelle vous êtes. Vous vous voyez en train d'atteindre votre objectif. Discernez bien les ombres et les lumières, les couleurs, les contrastes, la netteté, la taille.
3. Visualisez, maintenant, votre ligne du temps du futur. Et, par la pensée, flottez au-dessus de cette ligne, en prenant avec vous l'image de votre objectif atteint. Placez-vous au-dessus de l'endroit qui correspond exactement à six mois.
4. Accrochez l'image à cet endroit de votre ligne du temps, et revenez ici et maintenant. Regardez bien, à présent, votre image. L'intensité de la lumière, des couleurs, la netteté, la taille, etc. Ont-elles changé ? Si ce n'est pas le cas, cela veut dire que votre image et cet endroit de votre ligne du temps ont exactement les mêmes sous-modalités. Votre objectif est écologique et vous n'avez pas d'objection interne pour l'atteindre dans six mois.
   Si les sous-modalités ont changé, examinez ce qui a changé. Suffit-il de reporter la date de réalisation, par exemple à un an ? Ou de l'avancer ? Pour le savoir, flottez, de nouveau, au-dessus de votre ligne du temps, reprenez votre image, et accrochez-la à l'endroit qui correspond à un an. Comparez alors ses sous-modalités avec celles de votre ligne, à cet endroit. S'il y a adéquation, c'est bon. Votre objectif est écologique et peut être atteint dans un an. Si aucun endroit ne convient (image trop sombre, ou noir et blanc, ou floue, etc.), votre objectif n'est pas écologique. Il faut étudier, de nouveau, sa formulation ou prévoir, à tout le moins, des étapes intermédiaires.

Peut-on modifier sa ligne du temps ?

Comme on l'a vu précédemment, la ligne du temps se met en place très tard. Il est donc logique de penser qu'elle est facilement modifiable. Et c'est vrai.

Il m'est arrivé d'utiliser celle-ci pour aider l'une de mes amies, Hélène, mère de deux garçons d'une vingtaine d'années. L'un d'eux, l'aîné, meurt subitement dans son lit, une nuit, vraisemblablement à la suite d'une embolie cérébrale. Bien sûr, ce fut un drame épouvantable pour Hélène. Six mois après ce douloureux événement, elle allait toujours parler à son fils, au cimetière, matin et soir. Les relations avec sa famille, son deuxième fils en particulier, et ses collègues de travail en étaient terriblement perturbées. Elle en souffrait elle-même beaucoup. M'ayant demandé si je pouvais l'aider à vivre mieux son deuil, j'ai travaillé une soirée avec elle.

Je lui ai fait prendre conscience de sa ligne du temps. Sa ligne du futur était située derrière elle, et les esquisses d'image qu'elle parvenait à se faire étaient floues et en noir et blanc. Ce n'est pas commode pour faire le moindre projet. Je lui ai fait prendre en mains, physiquement, sa ligne du futur et le lui ai fait ramener devant elle, à sa droite. Ce qu'elle a fait sans difficultés, sa ligne du passé restant derrière elle, à sa gauche.

Puis, je lui ai demandé de se faire des images habituelles, comme un repas de famille, un dimanche, et de les placer sur sa ligne du futur. Ces images étaient nettes mais toutes sombres et noir et blanc. Ce qui était déjà mieux que rien. J'ai pu lui faire évoquer deux projets qu'elle pourrait réaliser dans un avenir proche, avec son mari. Ils avaient projeté ensemble, avant cette mort, de refaire la tapisserie et les peintures de l'entrée de leur maison, mais Hélène n'arrivait pas à en choisir les couleurs. Ils avaient aussi été invités par des amis, depuis deux ou trois ans déjà, à venir passer une quinzaine de jours en Guadeloupe. Hélène n'y était pas prête !

Je lui ai fait successivement formuler – avec les critères de la PNL – l'un et l'autre des projets (exprimés de manière positive, sous sa maîtrise, précis et écologiques, voir page 33). Puis, je lui ai demandé de se faire une image de chacun d'eux, en décrivant bien les sous-modalités visuelles, surtout les lumières et les couleurs. Enfin, je lui ai fait placer ces images sur la ligne du futur : refaire l'entrée pour les vacances de fin d'année toutes proches et partir en voyage pour les vacances de Pâques. Les images ont pris des couleurs et les deux projets ont été effectivement menés à bien. Les relations avec ses proches se sont considérablement arrangées et les visites au cimetière plus espacées. Ce travail d'aide n'a pas excédé une heure et demie. Ceci montre la performance d'un outil tel que la ligne du temps.

Tous les événements importants de la vie peuvent modifier la ligne du temps. La mort d'un proche, d'un ami, un divorce, le départ de la maison du dernier enfant, la mise au chômage, le départ à la retraite, etc., font souvent disparaître la ligne du futur. La personne ne vit plus. On peut même dire, sans exagérer, que celle-ci est en danger de mort. Le *travail de deuil* est facilité par un travail sur la ligne du temps.

Chapitre 7
Optimisez votre communication interne

« L'Occident a perdu la voie (la voix) de l'intériorisation.
Il en paie le prix actuellement... cruellement. »
Hélène Trocmé-Fabre

Chacun de nous est habité par trois ou quatre critères de niveau élevé. Comme nous l'avons vu au chapitre 4, chacun de ces critères possède deux pôles et nous avons tendance à regarder le plus souvent un pôle et à ignorer l'autre. En fait, tout se passe comme si chacun de ces critères correspondait à une « partie distincte de nous-mêmes ». Des *parties* distinctes qui cohabitent à l'intérieur de nous. Et, comme dans toutes les cohabitations, il y a tantôt accord sur l'essentiel et tantôt conflit.

1. Comment naissent les conflits à l'intérieur de vous-même ?

Dès que vous placez deux de vos critères importants, par nature différents, au même niveau, il y a conflit à l'intérieur de vous-mêmes. En effet, chacune de vos *parties* a ses *métaprogrammes* spécifiques et chacune est la gardienne d'une *croyance* particulière. Or, une croyance est stable et on ne peut la changer que très lentement. Si vous croyez que vous êtes quelqu'un qui *ne vaut pas la peine*, vous aurez un critère de reconnaissance, situé à un niveau très élevé, qui ne sera jamais satisfait. Vous n'écouterez et n'entendrez que les personnes – y compris vous-même – qui vous diront que *vous ne valez pas la peine*, et cela confortera votre croyance. Car le but que poursuit chacune de vos croyances est de vous maintenir tel que vous êtes. Sinon vous perdriez votre identité.

Lorsque vous appareillez sur un bateau, vous ne laissez pas n'importe qui aux commandes ! Lorsque vous êtes embarqué sur votre voilier professionnel, c'est votre *partie professionnelle* qui prend la barre. Lorsque vous prenez le large sur le voilier de vos loisirs, vous mettez votre *partie loisirs* à la barre.

Enfin, comme nous l'avons vu au chapitre précédent, chacun de nous a plus ou moins conscience de sa ligne du temps et il est facile de la découvrir. En fait, nous avons une *ligne du temps standard* adaptée à l'ensemble du système, donc *fonctionnelle pour le système global*. Si une *partie* est gênée, elle se manifeste en empêchant, par exemple, une image de se placer quelque part sur la ligne du temps.

> En somme, chaque *partie* est liée à une *croyance* et à des *programmes* spécifiques.

2. Comment connaître vos diverses parties et leur apprendre à vivre en équipe ?

Il est indispensable, pour mener à bien votre recherche, de trouver un partenaire, en qui vous ayez toute confiance et avec qui vous allez travailler, chacun à votre tour.

1. Établissez d'abord, chacun, une liste de comportements gênants

Recherchez et écrivez, sur une feuille de papier, une dizaine de vos comportements que vous n'appréciez pas, que vous trouvez même déplaisants, dans tel ou tel contexte.

Voici quelques-uns des comportements notés par Jean-Luc au cours d'un stage.

– Ne rien oser dire lorsque je trouve le comportement de ma femme inadmissible à mon égard.

– Rester un peu bloqué face à une collaboratrice dont chacun s'accorde à trouver le management autocratique.
– Me mettre en retrait lorsque l'ambiance, quelque part, ne me convient pas.
– Avoir des difficultés à prendre des décisions s'il faut pour cela être désagréable envers quelqu'un.
– Avoir quelquefois envie de manipuler un partenaire quand je veux obtenir quelque chose pour moi-même, que l'autre ne souhaite peut-être pas, avant même de connaître son sentiment sur ce point.
– Avoir tendance à trop me modéliser sur ce que les autres veulent de moi.

2. Recensez les diverses parties potentiellement conflictuelles à l'aide des critères.

Faites maintenant identifier à votre partenaire, à tour de rôle, ses critères violés ou remplis pour chacun de ses comportements notés précédemment. Faites-lui vérifier si ces critères sont *emboîtés les uns dans les autres,* comme des poupées gigognes ou s'ils ont *un potentiel conflictuel.* Vous ne garderez ainsi que les trois ou quatre critères, réellement différents, qui correspondent à des *parties* distinctes. Par exemple, si pour lui, le critère *conscience professionnelle* n'est qu'un petit découpage du critère *respect des autres*, ces deux critères sont *emboîtés.* Ils ne peuvent entrer en conflit, puisque le premier n'est que l'adaptation du second à un contexte particulier. Tous deux correspondent à une seule *partie.* Au contraire, si, pour lui, le critère *respect des autres* peut facilement entrer en conflit avec le critère *sauvegarde de mon intégrité physique*, ces critères correspondent à deux *parties* distinctes.

Pour Jean-Luc, les comportements correspondent, dans l'ordre, aux critères suivants :

– Chacun doit apporter sa contribution.
– Elle est un contre-exemple dans mon système de management participatif.
– Je ne suis à l'aise que dans un système convivial.
– Besoin d'être reconnu, aimé.
– Nécessité absolue d'être aimé dans certains contextes.
– Être bien dans un système convivial jusqu'à la fusion.

3. Identifiez vos parties distinctes (trois à quatre)

Pour cela, procédez, tour à tour, de la façon suivante. Synchronisez-vous sur votre interlocuteur : posture, respiration, écoute active. Demandez-lui d'associer successivement chacun de ses comportements gênants au critère correspondant et d'entrer en communication avec la *partie* qui gère cet ensemble. La *partie* responsable du comportement est-elle d'accord pour communiquer avec lui ? Faites bien discerner un signal *oui* ou *non*. Quelle est l'image, le son, le mot ou la sensation dont Jean-Luc est conscient quand il se pose cette question ? Que la partie augmente cette image, ce son, ce mot ou cette sensation si la réponse est oui, ou la diminue si la réponse est non.

Si la réponse est oui, demandez à Jean-Luc de remercier la *partie*. Si la réponse est non, il remercie aussi la *partie* de bien vouloir communiquer et la rassure : c'est tout à fait compréhensible qu'elle ne fasse pas confiance à l'esprit conscient de votre vis-à-vis. Elle peut néanmoins continuer à communiquer au niveau inconscient. La *partie* est chargée du comportement et, en aucune façon, vous qui programmez n'essaierez de le lui enlever ce pouvoir, ni n'autoriserez Jean-Luc à tenter de le faire. Vous souhaitez seulement, tous les deux, obtenir de l'information. Vous procédez ainsi avec chacun des critères de votre partenaire.

Avec Jean-Luc, les parties identifiées sont au nombre de trois :

- Consensus.
- Convivialité.
- Image de leader.

Notons que ces expressions sont des mots-valises. C'est normal. Mais, n'oublions pas que celui qui les exprime de la sorte sait à quoi, précisément, ces mots correspondent.

4. Enrichissez chacune des parties

Vous demandez de nouveau à Jean-Luc, d'entrer en communication successivement avec chacune de ses *parties* afin que celle-ci lui procure :

- un nom ou une expression,
- des images représentatives dans lesquelles votre vis-à-vis apparaît ou non,

– puis, les deux en même temps, ce qui lui permettra ensuite, de communiquer plus facilement et, surtout, de mieux intégrer chacune de ses *parties* au sein de son système global.

Enfin, vous demandez à votre partenaire de se faire une image symbolique de l'ensemble.

Les expressions se sont enrichies et des images les complètent :

– Une expression : « envie de me voir en position de leader ». Une image de moi, en pull rouge, en train d'animer un groupe dans lequel je vois des gens qui sourient, une grande attention, une envie de participer.
– Une expression : « besoin de consensus ». Plusieurs images de situations au cours de séminaires conviviaux, d'échanges d'idées entre personnes très différentes et qui s'apprécient, de gens qui se sourient, se saluent et s'embrassent.
– Un nom : « convivialité » et une image de moi restant tard, le soir, au travail, une autre d'une table de repas familial avec des conversations décousues, des plaisanteries, des sourires, des rires.

Voilà comment, maintenant, Jean-Luc se représente mentalement l'ensemble de ses trois *parties*. Vous pourrez constater que celles-ci ne sont plus au même niveau.

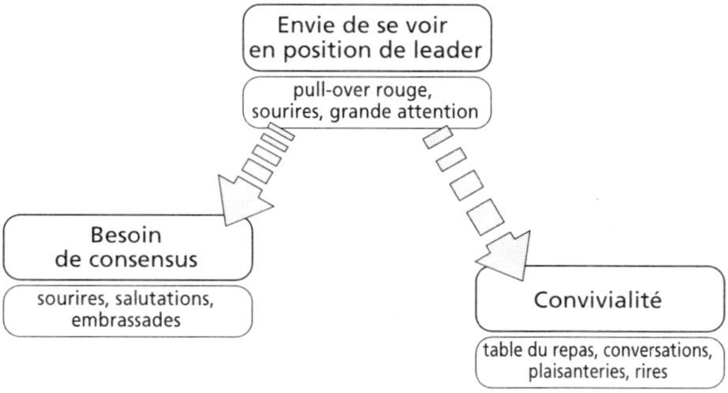

5. *Identifiez, globalement, puis pour chacune des parties, les programmes liés au temps*

Rappelons brièvement les *métaprogrammes* liés au temps : orientation du temps (passé, présent ou futur), subordination du temps (quelle orientation motive d'abord la *partie* ?), la *partie* préfère-t-elle vivre l'instant ou se déplacer dans le temps ? La manière la plus élégante pour l'obtenir est de faire mettre Jean-Luc *dans la peau* de chacune de ses *parties*. Pour cela, demandez-lui quel est le *critère principal* de chaque partie, quels en sont les avantages et les inconvénients, puis ses *métaprogrammes*. Voici les résultats :

- *Envie de me voir en position de leader*
  - Critère le plus important : je réussis et je bénéficie d'une bonne image.
  - Avantages : j'use de tous les moyens pour atteindre l'objectif que je me suis fixé, y compris la séduction.
  - Inconvénients : parfois, je perds conscience de ceux qui m'entourent et je deviens un vrai robot.
  - Métaprogrammes liés au temps : je me déplace dans le temps et le présent et le futur proche comptent plus que le passé.
- *Besoin de consensus*
  - Critère le plus important : j'ai besoin d'harmonie, de paix.
  - Avantage : prise de recul, sérénité. Je peux faire les choses sans conflit, les continuer sans rupture.
  - Inconvénients : cela se fait très lentement et il faut quelquefois des ruptures pour évoluer.
  - Métaprogrammes liés au temps : je peux me déplacer dans le temps sans subordination du temps.
- *Convivialité*
  - Critère le plus important : on partage tous ensemble, c'est ce qui me permet d'évoluer et de faire évoluer les gens autour de moi.
  - Avantages : je partage, j'intègre les autres et je suis intégré, c'est mon côté humain.
  - Inconvénients : cela peut m'empêcher d'aller aussi vite que je le voudrais, car, à ce moment-là, je ne vis plus que pour les autres.
  - Métaprogrammes liés au temps : je vis l'instant présent.

6. Établissez des ponts entre les parties et des signaux de reconnaissance

Pour pallier les inconvénients des conflits potentiels entre ces *parties indépendantes*, qui donnent les comportements gênants évoqués au point de départ de cette procédure, il faut **apprendre aux *parties* à collaborer, plutôt qu'à se concurrencer.** Vous allez pratiquer ce qu'on appelle en PNL, un *recadrage* et, ce faisant, optimiser la communication interne de votre partenaire.

Procédure

1. Demandez à votre partenaire de communiquer avec sa *première partie*. Comment s'appelle-t-elle ? Comment sait-il qu'il s'agit bien de celle-là (représentation <VAK> de la *partie*) ? Quelle est son intention ? Quelles conséquences avantageuses, mais aussi, quels inconvénients parfois ?
2. Demandez ensuite à votre partenaire de communiquer avec sa *partie créative* et de mettre ces deux *parties* en rapport de coopération pour qu'elles s'entendent sur de nouveaux comportements tout aussi satisfaisants.
3. Testez l'accord ou les objections éventuelles. S'il y en a, reprenez la procédure au point 2, pour trouver d'autres comportements sur lesquels la première *partie* est d'accord.
4. Procédez de la même façon pour les deux autres *parties*.
5. Prenez acte que les trois *parties* indépendantes travailleront désormais ensemble, comme les membres d'une même équipe dont chacun respecte la fonction et l'objectif de l'autre, et lui prête attention.
6. Faites remercier toutes les *parties* quand le consensus est acquis.

Exemple d'application avec Jean-Luc (à partir du point 2)[1]

- ... Jean-Luc, si tu veux bien, maintenant, tu vas entrer à l'intérieur de toi-même et demander à ta *partie* « envie de te voir en position de leader », si elle veut bien communiquer avec toi... Obtiens-tu une réponse ?
- Oui.
- Comment sais-tu que c'est oui ?
- Je vois bien l'image de cette partie et la couleur rouge du pull.
- Demande-lui de te rappeler quelle est son intention positive.
- Oui. Atteindre l'objectif fixé... à tout prix !
- Rassure cette *partie*. Dis-lui que tu n'essaieras, en aucune façon, de la mettre à l'écart, ni même de la changer contre sa volonté... Demande-lui, si elle est toujours d'accord pour communiquer et, si c'est le cas, de bien vouloir le manifester...
- L'image devient plus lumineuse et les couleurs plus vives...
- D'accord... Remercie cette *partie* d'être ton amie et ton alliée. Maintenant, tu vas lui demander de se tourner vers ta *partie créative* pour l'aider à trouver au moins trois solutions nouvelles qui satisfont cette intention positive mieux ou au moins aussi bien... Prends ton temps...

1. Le point 1 a déjà été traité précédemment avec Jean-Luc.

- Je vois une situation où je suis avec l'un de mes collaborateurs pour un entretien... C'est dans mon bureau et nous sommes chacun avec un dossier... Une autre *partie* semble intervenir... Elle prend contact avec « envie de me voir en position de leader »... Un éclair[1] et puis... plus rien !
- D'accord ! Redemande à ta partie si elle veut bien essayer cette nouvelle solution.
- C'est difficile à dire...
- Quel sentiment ?
- Un éclair, de nouveau !
- Demande-lui si elle a reconnu cette *partie* qui est intervenue...
- Oui.
- Comment le sais-tu ?
- Il y a eu de nouveau un éclair.
- Remercie ta partie « envie de me voir en leader » de t'avoir donné ce signal et demande-lui si elle veut bien essayer cette solution pendant trois mois... Disons jusqu'au 31 décembre...
- Oui. Il y a eu une lumière et à cette lumière était associé un sentiment... plus de chaleur...
- D'accord ! Remercie ta *partie* de cette collaboration et rassure-la. Juste avant le 31 décembre, tu prendras le temps de t'asseoir et de communiquer de nouveau avec elle. Demande si toutes les autres parties qui sont en toi sont d'accord pour cet essai de trois mois...
- Rien... Tout est calme.
- Va vers ta *partie créative* et vers toutes les autres et donne-leur ton appréciation. Puis reviens ici et maintenant.

1. Vraisemblablement, à partir de ce moment, la partie ne souhaite plus communiquer au niveau conscient. Peut-être n'a-t-elle pas entièrement confiance. Il faudra se contenter d'un essai à temps limité. Il n'est pas nécessaire pour Jean-Luc d'en savoir plus en ce qui concerne cette solution : son inconscient fera le travail.

Partie 3
L'ennéagramme

« Le véritable voyage de découverte
ne consiste pas à découvrir de nouveaux horizons,
mais à voir avec des yeux nouveaux. »
Marcel Proust

L'ennéagramme est une approche de la connaissance de soi qui remonte à plus de mille ans. Il semble qu'elle ait été élaborée par la confrérie mystique musulmane des soufis. Elle n'a été transmise qu'à des initiés, tant cette approche semblait dangereuse à mettre entre toutes les mains.

L'ennéagramme décrit un voyage à l'intérieur de soi-même. Bien entendu, il permet de mieux comprendre le fonctionnement des personnes qui nous entourent, notre famille, nos amis, nos responsable et collaborateurs dans la vie professionnelle, les hommes politiques, etc. Y compris des personnages du passé.

Mais, il est d'abord un outil destiné à mieux se connaître. Et comme le disait Socrate, il y a plus de deux mille ans, cela en vaut la peine. Bien se connaître est une quête de longue haleine qui permet de comprendre ses blocages, ses *compulsions*, mais aussi son potentiel de ressources et, en particulier, celui que chacun laisse en jachère. Bien se connaître permet d'accéder à une liberté personnelle. Et, c'est seulement à partir de cette liberté (re)trouvée qu'il est possible d'aider les autres.

Le mot *ennéagramme* (du grec *ennea*, le nombre neuf) est un ensemble dynamique de descriptions de types de personnalités humaines. Selon cet ensemble, il existe neuf *bases* distinctes de personnalités, et neuf seulement. S'agit-il, une fois de plus, d'un *étiquetage*, qui prétend, comme beaucoup d'autres, enfermer toute la richesse de l'homme dans un système ? C'est tout à fait autre chose que cela.

L'ennéagramme est un système dynamique qui sert de *base de départ* (d'où le nom donné à ces « numéros ») pour la quête de soi-même et qui est tout le contraire d'un enfermement. C'est une révélation qui fait dire à tous ceux qui découvrent l'ennéagramme pour la première fois, « Mais, bon sang ! C'est bien sûr ! » et qui leur fait écarquiller les yeux. C'est nécessairement un système un peu complexe, un peu difficile à approcher et bien comprendre. Comme le cerveau, « s'il était simple, nous serions nous-mêmes si simples que nous ne pourrions le comprendre ! »

Dans la troisième partie de ce livre, nous allons, progressivement, nous familiariser avec cet outil élaboré par les soufis au cours des siècles, exploré – et répandu – depuis une vingtaine d'années par des psychologues américains et par des religieux et, en particulier, des pères jésuites.

Chapitre 8
L'ennéagramme : légende et présentation

Il était une fois, dans un pays lointain, un tailleur de pierre. Sa marraine était la meilleure fée de la contrée. Aussi avait-il reçu d'elle, en présent pour son baptême, la possibilité de se voir exaucer sept vœux.

Pour le premier, il avait demandé à exercer le métier de tailleur de pierres. Un métier noble qui lui permit de bâtir les maisons du village et de mériter la reconnaissance de tous, et l'estime de lui-même. Car, pour lui, les deux choses étaient liées. Il travailla ainsi pendant des années. Mais, un jour, tous, au village, habitèrent une maison bâtie de la main du tailleur de pierres et celui-ci ne reçut plus une roupie à échanger au riche marchand du centre contre un de ces objets dont il raffolait.

Depuis longtemps déjà, le tailleur de pierre était fasciné par ce marchand. Il y avait, chez lui, des meubles splendides, en bois rare, rehaussés d'incrustations d'ivoire et d'or. Il y avait aussi toutes sortes de tapis de très haute laine, de coussins de soie, de bibelots d'une grande valeur. Tout ce luxe, tous ces parfums exhalés, rendaient notre homme de plus en plus fou. Un soir, il appela sa marraine et lui fit part de son deuxième vœu : devenir comme ce riche marchand. Dans la semaine qui suivit, le marchand de la place mourut en ayant fait du tailleur de pierres son légataire universel. Le nouveau marchand, doué en affaires, devint très riche. Sa notoriété s'étendit sur la contrée et tous le saluaient respectueusement.

Un jour, un haut fonctionnaire du royaume se fit annoncer. Il venait rendre visite aux sujets de sa Majesté et s'enquérir de l'état du Royaume. Précédé d'une garde en uniforme d'apparat, il se faisait véhiculer dans une chaise à porteurs. Au passage, tout le monde faisait une profonde révérence. Le nouveau marchand, bon gré, mal gré, fit comme les autres. Il courba l'échine jusqu'à terre et se dit alors : « Même moi qui suis immensément riche, je suis obligé de me prosterner devant un fonctionnaire royal. C'est donc que son statut est bien supérieur au mien ! » Il manda sa marraine et lui fit part de son troisième vœu : devenir un haut fonctionnaire du Royaume. À son tour, maintenant, précédé de la garde royale, il fait des tournées d'inspection en chaise à porteurs. Tous s'inclinent sur son passage et ça le rend ivre de joie et d'orgueil.

Cependant, les jours de grande chaleur, il doit sans cesse s'éponger le front, tellement il fait chaud dans cette maudite chaise. Comment un personnage de son importance peut-il être soumis au bon vouloir du soleil ? Le soleil est donc tellement puissant ? Il convoque sa marraine et lui demande, en toute simplicité, de prendre la place du soleil. Ce qui est fait sur l'heure. Le voilà donc au centre de l'univers, soumettant toutes les planètes à son feu, bienfaisant ou brûlant, selon son bon vouloir. Cela lui procure un bonheur inouï ! Soumettre le monde à sa volonté, quelle jouissance pour un ancien tailleur de pierres !

Un jour pourtant, un énorme nuage noir se forme au-dessus de la Terre et lui masque complètement celle-ci. Messire Soleil augmente sa puissance. Rien n'y fait. Il pousse le rhéostat à fond. Rien !... Le nuage reste là, imperturbable. Le nuage est le plus fort ! Il claque des doigts pour faire venir sa bonne fée et, dans une colère folle, lui demande de le changer en nuage noir pour recouvrir toute la Terre. Ce qui fut fait sur-le-champ. Et le voilà donc qui fait la nique au soleil !

Survient alors un puissant cyclone qui prend en écharpe le nuage, l'ébranle et le pousse à la vitesse de l'éclair. Tout est détruit sur son passage : les arbres, les forêts, les villes. Les rivières et les fleuves sortent de leur lit. Seul un énorme rocher résiste au vent. Le cyclone l'enveloppe, le contourne, l'entoure d'une violente tornade. Rien ne réussit à faire bouger d'un pouce le grand rocher. Nouveau claquement de doigt : « Je veux être ce rocher ! » Et voilà notre nuage transformé en cet énorme rocher imperturbable. Quelle puissance ! Quelle béatitude !...

Pas tout à fait. À la longue, il n'est pas reposant d'être sans cesse battu par tous les vents de la terre. Cela devient vite fatigant et surtout très monotone. Un jour, pendant une pause de vent, notre rocher perçoit un petit bruit régulier juste là, à ses pieds. Tap ! Tap ! Tap ! Un petit bruit curieux, insolite, agréable. Il se penche un peu et aperçoit là, tout petit, tout en bas, un homme qui dégage des moellons de sa masse à lui, le rocher tout puissant. Des moellons qui viennent le grignoter petit à petit. Un artisan, tailleur de pierres ! Il sollicite, alors, pour la septième et dernière fois, sa marraine : « Marraine, s'il te plaît, fais-moi devenir comme ce tailleur de pierres ! »

1. L'ennéagramme, une très longue histoire

L'origine de l'ennéagramme est mystérieuse et se perd dans la nuit des temps. Son « invention » remonterait à l'époque des nestoriens, des chrétiens installés en Perse à partir du Ve siècle. Puis on trouve des traces de l'ennéagramme en Asie centrale, en Inde, et jusqu'en Chine. Ensuite, celui-ci aurait été repris, mais de manière exclusivement orale, par certains mathématiciens musulmans et par les *soufis*, dans leurs couvents, les *zawiya,* où ils l'enseignaient à leurs novices. Pour les soufis, cet enseignement était tellement puissant que seules des personnes très évoluées devaient en avoir l'accès. Ils appelaient quelquefois l'ennéagramme, le visage de Dieu.

Que viennent donc faire des mathématiciens dans cette affaire ? Comme nous le verrons plus loin, et notamment au chapitre 14, l'ennéagramme comporte un parcours fléché très curieux. Tout se passe comme si l'ennéagramme provenait de la superposition de deux modèles mathématiques à base décimale.

• Un premier modèle dont la symbolique est un triangle équilatéral et dont les chiffres-repaires proviennent de la division sans fin des nombres des trois premières dizaines, dix, vingt et trente, par le nombre trois.

10/3 = 3,33333...

20/3 = 6,66666...

30/3 = 9,99999...

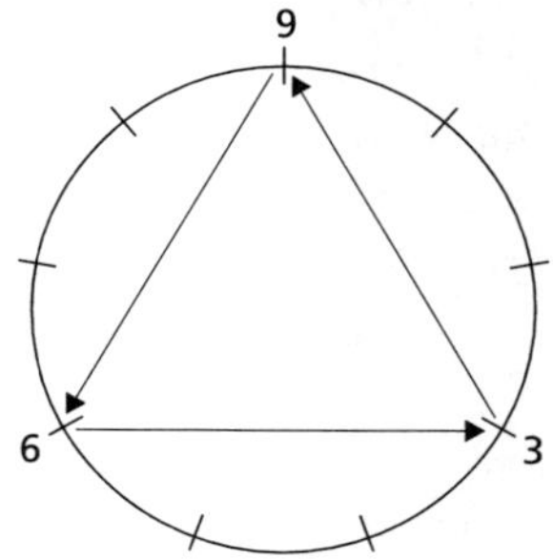

• Un second modèle résulte de la division par sept de ces mêmes dizaines. Il est représenté symboliquement par un hexagone irrégulier qui complète le triangle précédent. Remarquons que les «séries de six chiffres» se retrouvent indéfiniment et que les flèches de l'ennéagramme suivent précisément cet ordre.

10/7 = 1,42857 142857...

20/7 = 2,85714 285714...

30/7 = 4,28571 428571...

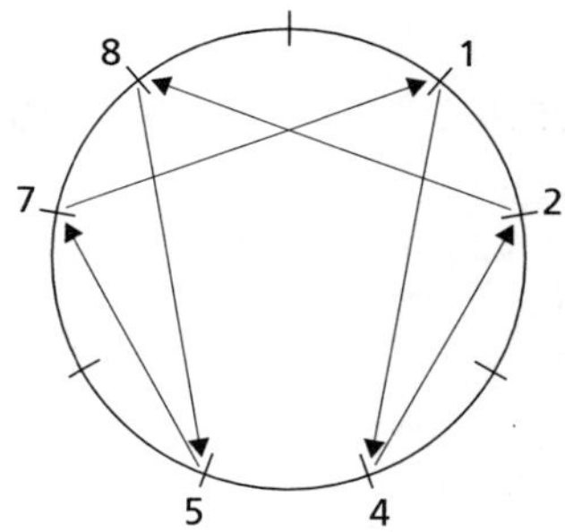

2. L'ennéagramme, un outil très moderne

Au début de ce siècle, un américain Oscar Ichazo reçoit la tradition soufique. L'ennéagramme fait partie de cet enseignement que Oscar Ichazo professe, à son tour, à partir des années 60, en Bolivie, puis au Chili, notamment à l'Institut de Psychologie Appliquée de Santiago et aux États-Unis. Certains membres de l'Institut Esalen de Big Sur, en Californie, dont Claudio Naranjo, suivent ses cours et en transmettent la tradition à la psychologue Helen Palmer et à certains pères jésuites dont Bob Ochs. Helen Palmer publie, en 1988, un livre consacré à ce sujet[1], tandis que Claudio Naranjo publie, en 1990 : *Ennea-types structures.*

Des jésuites enseignent l'ennéagramme à l'université Loyola de Chicago, à partir de 1971. Un certain nombre de publications proviennent de ce courant. Les auteurs en sont notamment Don Richard Riso, William J. Callahan et Patrick O'Leary. Un ouvrage de ce courant est paru en français[2].

L'ennéagramme s'est beaucoup répandu depuis. Il est enseigné aux États-Unis, à l'université de Californie, notamment, pour former les psychologues, mais aussi à l'université de Standford pour former les *managers*. Aux États-Unis, l'ennéagramme a déjà fait l'objet de plus de dix thèses de doctorat et plus de cinquante livres lui sont consacrés. La CIA l'utiliserait pour comprendre les intentions cachées des chefs d'État.

Ce qui fait l'intérêt de l'ennéagramme et sa profonde originalité, c'est son **dynamisme**. Les neuf bases de personnalités sont représentées symboliquement par des nombres compris entre 1 et 9 et disposés régulièrement sur le pourtour d'un cercle. Ils sont liés entre eux par des sécantes orientées par des flèches. L'ennéagramme est loin d'être figé.

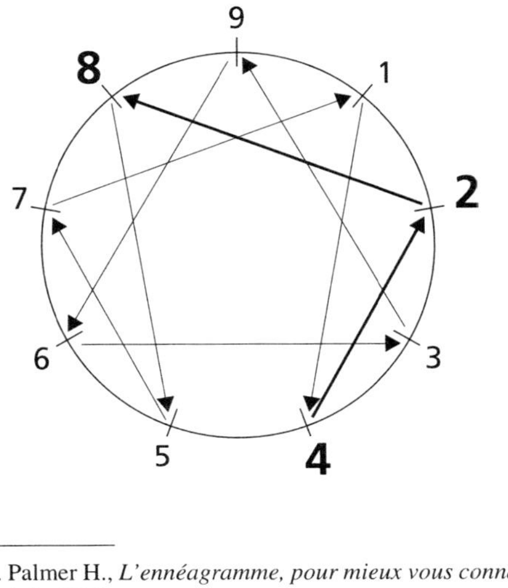

+ 1 contact en 1 ou en 3
ses deux voisins

1. Palmer H., *L'ennéagramme, pour mieux vous connaître et comprendre les autres*, Ed. Vivez Soleil, 1995.
2. Beesing M., O'Leary P., Nogosek R., *L'ennéagramme, un itinéraire de la vie intérieure*, Desclée de Brouwer, 1992.

Chaque base a **un contact possible :** l'un ou l'autre de ses deux voisins sur le cercle. Vous pouvez, par exemple, être de base DEUX, mais être un peu ou fortement influencé soit par la base UN, soit par la base TROIS. En plus du contact, il y a **des mouvements**, représentés sur la figure par les flèches :

- Lorsque vous êtes sous contrainte, vous avez tendance à suivre le sens de la flèche. Si vous êtes de type DEUX, vous prenez les caractéristiques du type HUIT. Celles-ci vous font évoluer favorablement ou vous coincent.
- Lorsque vous prenez du recul, vous pouvez suivre le sens opposé à celui de la flèche. Si vous êtes de type DEUX, vous prenez les caractéristiques du type QUATRE.

Les bases ne servent donc pas à étiqueter chaque personne, mais seulement à l'aider à prendre conscience de sa *compulsion*[1] et de ses principaux centres d'intérêt, de ce à quoi il est le plus souvent attentif. Chaque base induit, bien entendu, des comportements particuliers. Mais, ces comportements ne sont que la résultante d'une programmation à partir de laquelle on peut évoluer.

Comment désigner les bases ?

Doit-on qualifier une base par sa caractéristique essentielle, par exemple, la base 1 par *l'idéaliste*, la base 2 par *le serviable*, la base 3 par *le réalisateur*, etc. ? C'est prendre le risque de caricaturer et donc de dénaturer un concept complexe. De plus, ces étiquettes ont des connotations particulières pour chacun. Doit-on plutôt désigner une base par son numéro et écrire : la base UN, DEUX, TROIS, etc. ? Qui parmi nous, a envie d'être un numéro[2] ? Néanmoins, sachant les inconvénients de cette alternative, nous adopterons la seconde proposition et désignerons *chaque base par son numéro, mais toujours écrit en petites majuscules*, pour bien le distinguer du reste du texte.

1. On désigne par *compulsion* le besoin effréné, conscient ou non, d'agir ou de se comporter de telle manière ou, si vous préférez, l'incapacité d'agir ou de se comporter autrement.
2. En fait, à cause de la dynamique de l'ennéagramme, il s'agit moins d'être un numéro que de s'en servir.

3. Première présentation sommaire des bases

Deux précautions s'imposent avant de poursuivre :

1. Il n'y a pas de base préférable à d'autres : les neuf bases sont habitées par une compulsion majeure, des passions, des qualités et des défauts. Le but de l'ennéagramme est d'abord de prendre conscience de ce qui nous mène, puis de modifier ce qu'on souhaite modifier.
2. Attention à ne porter aucun jugement de valeur en ce qui concerne les descriptions qui vont suivre.

Nous partirons d'une notion déjà rencontrée, celle des trois cerveaux emboîtés de Paul MacLean. L'ennéagramme est divisé en trois triades :

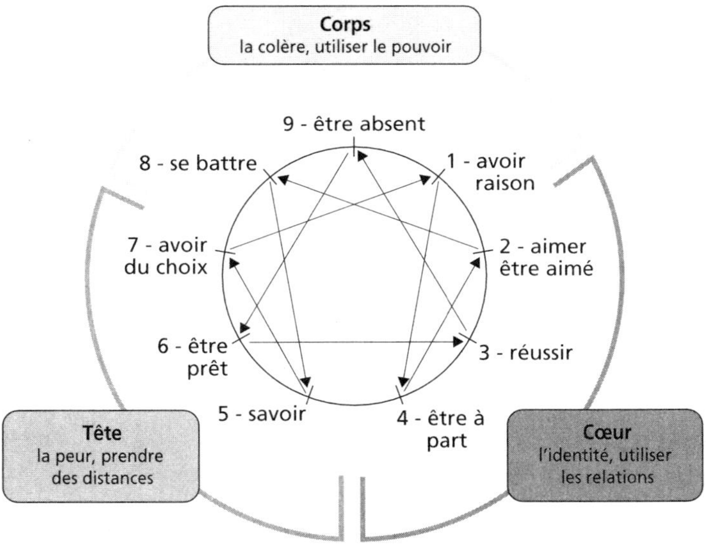

Triade de la tête 5, 6 et 7			Triade du cœur 2, 3 et 4			Triade du corps 8, 9 et 1		
	Stratégie de survie	L'important		Stratégie de survie	L'important		Stratégie de survie	L'important
en commun		LA PEUR	en commun		LEUR IDENTITÉ	en commun		LA COLÈRE
5	La connaissance, la sécurité, pas de relation impliquante, « si je sais, je suis sauf »	SAVOIR	2	Être tourné vers les autres et en recevoir de la reconnaissance, « si je suis aimé, je suis sauf »	AIMER ET ÊTRE AIMÉ	8	Avoir la maîtrise sur les gens et les choses, « tant que je me battrai, je serai sauf »	SE BATTRE, ÊTRE FORT
6	Éviter d'être mis à nu, « si je suis prêt à toute éventualité, je suis sauf »	ÊTRE PRÊT	3	Être reconnu par les autres pour ce qu'ils font, « si je réussis, je suis sauf »	RÉUSSIR	9	Fuir tout conflit, être très prudent, « si je ne me laisse pas impliquer, je suis sauf »	ÊTRE ABSENT
7	S'éloigner de la souffrance, « si j'ai beaucoup de choix, je suis sauf »	AVOIR DU CHOIX	4	Éprouver des émotions extraordinaires « tant que je ressens, je suis sauf »	ÊTRE À PART	1	Rechercher la perfection, se critiquer sans cesse, « toutes les fois que j'ai raison, je suis sauf »	AVOIR RAISON

Chapitre 9
Comment adoptons-nous telle base ?

« Si tu ne sais pas où aller,
retourne-toi et regarde d'où tu viens. »
Proverbe chinois

Comment nous viennent les structures que décrit l'ennéagramme et quelles sont-elles ? Avant de lire ce qui suit, il est indispensable de vous transporter, par la pensée, au moment de votre adolescence, lorsque vous aviez entre treize et dix-huit ans. Vous y êtes ? Oui... Alors répondez au petit questionnaire qui suit.

Questionnaire

- Qu'est-ce qui vous gênait particulièrement, à ce moment-là ? Quels reproches faisiez-vous, au moins dans votre tête, à vos parents, à vos frères et sœurs, vos cousins et cousines, etc. ?
- Qu'est-ce qui vous faisait plaisir ? Qu'est-ce qui vous semblait particulièrement agréable ? Qu'est-ce qui vous valorisait, à ce moment-là ? Repensez à vos parents, mais aussi à tous ceux avec qui vous viviez.
- Quels événements vous ont paru marquants, importants dans votre enfance, puis votre adolescence ? En quoi vous ont-ils paru importants ?
- Pendant votre enfance et votre adolescence, quels genres de relations aviez-vous avec votre entourage, votre famille, vos copains et copines, vos amis, les adultes que vous avez côtoyés ? Que pensiez-vous alors de ces relations, qu'en disiez-vous ?

1. Prendre de la liberté par rapport à ses pulsions

Pour les psychologues, notre vie est régie par l'équilibre de trois dimensions du *moi.* Au départ, nous avons hérité d'une grande *pulsion de vie,* que nous pouvons désigner par l'expression *moi-pulsion.*

Si nous nous soumettons entièrement à notre environnement et/ou si nous nous laissons conduire par l'éducation que nous recevons, nous acquérons une personnalité entièrement *construite,* qui répond totalement aux attentes de notre entourage. En langage courant, on parle de manque de caractère ou de personnalité. Le fanatisme politique ou religieux peut conduire à de tels excès. Certains officiers SS en ont été des exemples caricaturaux... et dramatiques. Nous désignerons ce résultat par l'expression *moi-objet.*

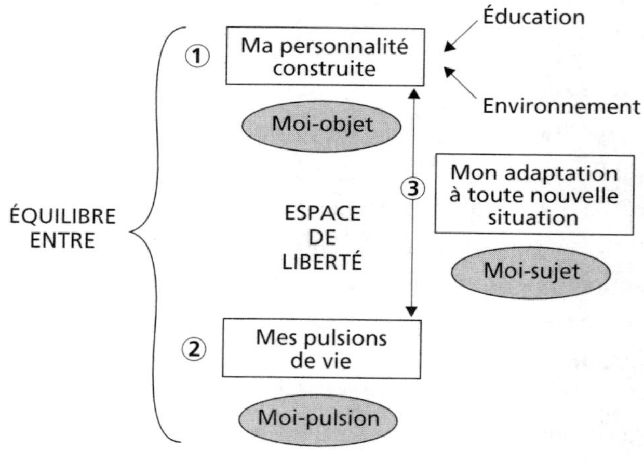

Entre cette pulsion innée représentée par le moi-pulsion et cette personnalité construite représentée par le moi-objet, nous disposons d'un large espace d'autonomie et de liberté où nous pouvons développer notre *moi-sujet*, sujet de notre développement et de notre adaptation créatrice devant toute situation nouvelle.

Cependant, pour faire face aux situations courantes de la vie, nous nous sommes construit, pendant votre enfance, un *squelette* qui nous structure. À partir des expériences que nous avons vécues, notre inconscient a mis en place des *programmes automatiques de fonctionnement* (les programmes du chapitre 4 en font partie) *et des programmes de défense* contre les agressions extérieures – ou ce que nous prenions à raison ou à tort pour telles. Tous ces programmes nous permettent aujourd'hui de vivre sans que chaque chose fasse problème à chaque instant. Mais ils nous limitent aussi. Ils constituent une *interprétation* particulière du monde, une formidable distorsion. Chaque base de l'ennéagramme est une synthèse de l'ensemble de tels programmes.

2. Les souvenirs d'enfance des différentes bases

Chaque enfant a porté un regard particulier sur son environnement. Les parents de famille nombreuse savent bien que chacun de leurs enfants a réagi différemment, dans un contexte pourtant relativement semblable, à l'évolution près du couple parental, de l'environnement familial et de la fratrie qui sont, certes, des facteurs importants. Quels souvenirs gardez-vous de votre enfance ? Comparez maintenant les réponses que vous avez données aux questions du début de ce chapitre, aux souvenirs types décrits ci-après et qui sont nécessairement un peu des « clichés ».

Les souvenirs d'enfance des UN

Les UN ont l'impression d'avoir été l'objet d'attentes très fortes de la part de leurs parents, attentes auxquelles ils ont souscrit complètement. Il fallait qu'ils soient de *bons petits,* bien élevés, bons élèves, etc. En tant qu'aînés, si c'était leur place dans la fratrie, ils devaient montrer l'exemple.

Ils se souviennent d'avoir été très critiqués quand ils se trompaient et rarement récompensés. Leurs parents étaient trop exigeants. Pour mériter un encouragement, il leur fallait être *parfaits*. Ils ont conscience de ne pas avoir été aussi parfaits qu'on le souhaitait. Ils sont donc déçus par leur image, déçus par leurs comportements, déçus par eux-mêmes. Alors, ils en ont ajouté par rapport à la demande parentale... pour avoir la paix. Le mécanisme de défense mis en œuvre est la **formation réactionnelle** dont le processus est le suivant. « Mes parents ont de fortes attentes. Je ne peux pas y satisfaire complètement et ils me le reprochent souvent. Au lieu de me soucier de ce qui m'empêche d'être parfait, je vais survaloriser cette grande quête de la perfection que je fais mienne. Chaque fois que je n'y arrive pas, je me mets en colère et retourne celle-ci contre moi-même. Que pourra-t-on me reprocher de plus que je ne fais déjà moi-même sans cesse ? »

Les UN ont quelquefois l'impression qu'on leur a volé leur enfance, en les considérant comme déjà grands trop tôt. Parfois, ils ont dû prendre en charge un de leurs deux parents un peu immature ou perturbé.

Les souvenirs d'enfance des DEUX

Ils sont adorables les petits DEUX, serviables, gentils, toujours prêts à faire plaisir ! Ils devinent même très souvent ce qui fait plaisir aux autres !

Ils ont la conviction d'avoir été reconnus quand ils donnaient, aimés quand ils faisaient plaisir. Aussi se sont-ils habitués à s'adapter à la volonté des autres. Leur mécanisme de défense est le **refoulement**. Ils ont refoulé ce qu'ils voulaient pour eux-mêmes, pour ne garder conscience que de ce que voulaient les autres. Ils sont devenus très *dépendants des autres*. Ils ont néanmoins obtenu ce qu'ils voulaient en se rendant *indispensables*.

Quand ils étaient déçus par la vie, ils pensaient volontiers quelque chose comme : « C'est pas toujours super, mais untel est là et je peux compter sur lui ». Parfois, ils pouvaient avoir des relations légèrement perverses avec le parent du sexe opposé. Du moins, pouvaient-elles être perçues ainsi.

Les souvenirs d'enfance des TROIS

Complimentés pour leurs résultats, jamais pour leurs relations, les TROIS, enfants, ont vraiment fait tout ce qu'on leur demandait ! À tel point qu'ils ont pensé, petit à petit, qu'ils étaient ce qu'ils faisaient. C'est le mécanisme d'**identification.** Identification aux désirs des parents, tels qu'ils sont perçus et identification d'eux-mêmes à leurs actes.

Comme on leur a rarement demandé de parler de leurs *états internes*, de leurs émotions ou de celles des autres, ils se sont entièrement centrés sur les *comportements externes*.

Les petits TROIS ont un besoin vital de *feed-back*, de retour : « ce que j'ai fait là, qu'en penses-tu ? » La réponse peut être un compliment ou un avis plus nuancé, ce n'est pas grave. Au moins, il y a eu réaction. Ils ont donc besoin d'être vus et reconnus pour ce qu'ils ont fait. Car ce qui compte pour eux, c'est faire *plein de choses,* et ce goût de la compétition qu'ils semblent parfois manifester n'est qu'apparent.

> En règle générale, les UN, les DEUX et les TROIS ont été des enfants faciles, qu'on désigne habituellement par le qualificatif de *bons* enfants.

Les souvenirs d'enfance des QUATRE

Chez les petits QUATRE, il s'est passé un événement important qui a fait une *coupure dans leur enfance***,** sans retour en arrière possible. Par exemple la mort de l'un des parents ou d'un être cher, le divorce du couple parental, un déménagement qui a coupé d'un(e) ami(e) ou des copains, etc. Il y a eu un *avant* et un *après*. Avant, c'était *l'âge d'or*, la coupure a été *l'enfer*. Très souvent, il s'agit d'une rupture réelle dont le petit QUATRE s'est senti, en grande partie, responsable : « la mort de ma mère ou le départ de mon père, je n'ai pu l'empêcher, je n'ai pas été à la hauteur. C'est de ma faute ! Si je l'avais mieux aimé... Depuis, c'est vraiment horrible ! Personne au monde ne pourrait ressentir ce que je vis là. Je suis vraiment à part ! »

C'est le mécanisme de l'**introjection** dont le principe est d'avaler sans mâcher. « La rupture est de ma faute ! Je l'ai rentrée à l'intérieur de moi et il n'y a plus aucune distance entre cet événement et moi. Je suis incapable de l'analyser ! » En somme, il n'y a pas eu de *travail de deuil.*

Les QUATRE vont osciller entre la dépression et l'exaltation. Mais, dans tous les cas, ils éprouvent des *émotions intenses*. Ils se mettent en colère, par exemple, de manière théâtrale.

La première chose à faire, pour les aider, s'ils le souhaitent, est de retrouver l'événement qui a fait rupture dans leur enfance, si effectivement un tel événement a eu lieu. Puis de les aider à accomplir un cheminement de deuil.

Les souvenirs d'enfance des CINQ

Deux types d'enfance possibles pour les CINQ :

• Une *absence de communication* quasi totale avec l'un des deux parents ou les deux. Ce peut être une absence physique (père ou mère mort ou parti). Ce peut être un refus de communiquer ou des relations strictement limitées.

• Une impression permanente d'*intrusion des autres dans leur intimité*, leurs pensées, leurs émotions. Ce peut être le cas dans une famille nombreuse où les enfants ont toujours été plusieurs par chambre, sans qu'ait été aménagé au moins un coin particulier pour chacun. Devant cette absence d'intimité permanente, le mécanisme de défense est l'**isolation**[1]. « Si je n'ai pas d'espace pour être seul, ne serait-ce qu'un instant, alors, cet espace est ma tête. Je m'y fais ma télévision personnelle. Il me reste au moins ces images mentales pour prendre de la distance ».

Dans les deux cas, cela peut générer de la peur et donner des enfants qui parlent peu et accumulent un maximum d'informations pour eux-mêmes. En langage PNL, ils acquièrent un *tri information* très performant : « le fait de comprendre, de savoir, me donne la distance dont j'ai besoin. J'aime bien être en position d'observateur ». Ils ont souvent eu une adolescence solitaire.

Les souvenirs d'enfance des SIX

Le problème d'enfance des SIX a été de ne pas être capable de prévoir le comportement de certaines personnes proches : « avec mon père ou ma mère, je ne savais jamais à quoi m'attendre ! » Ce peut être le cas lors de la naissance d'un petit frère ou d'une petite sœur. « Avant, on s'occupait de moi, on me dorlotait. Maintenant, c'est fini. Pourquoi ? » De manière pathologique, ce peut être le cas des enfants battus ou d'enfants dont l'un des parents est alcoolique. Ce peut être aussi lié à des événements non expliqués : « à ce moment-là, on a déménagé et je n'ai toujours pas compris pourquoi ! »

Pour les SIX, leur rapport à l'autorité est ambigu : ils ont besoin d'une autorité forte en qui ils aient confiance, qui les sécurise et, dans le même temps, ils se méfient de tout pouvoir.

---

1. Terme consacré par les psychologues.

Le mécanisme de défense est la **projection**. « Puisqu'il est impossible de prévoir le comportement des autres, je vais m'y prendre autrement. Je vais me faire un système d'interprétation personnel fiable, en devinant les raisons qui se trouvent derrière ces comportements apparents ». Cette projection s'accompagne donc de beaucoup de processus internes et de lectures de pensée. Aussi, les petits SIX se tournent-ils vers les autres pour prendre de l'information et... prédire. Car, pour survivre, les SIX ont besoin de *pouvoir prévoir.* « Si je ne suis pas capable de prévoir, il peut se passer n'importe quoi dont je subirai les conséquences. »

Les souvenirs d'enfance des SEPT

Les souvenirs d'enfance des SEPT sont baignés d'images de colliers de fleurs et de mélodies de guitares hawaïennes. Non pas que leur enfance ait été idyllique. Mais les SEPT ont évacué, systématiquement, tout ce qui a été déplaisant ou simplement quelconque, pour ne retenir que ce qui a été *vraiment génial !* Le mécanisme de défense mis en œuvre par les petits SEPT est la **rationalisation**. « Non, je n'ai pas eu si peur que ça !... Et puis, ça n'a pas duré. Et, de toute façon, il y a du plaisir dans tout ! » Il y a derrière cela, un phénomène de peur diffuse, soigneusement étouffée. De là viendra leur besoin d'avoir des choix et l'horreur de se sentir enfermé. En termes de PNL, ils sont *orientés loin de...* Il leur faut toujours plusieurs fers au chaud.

Souvent, les relations ont été faciles avec la mère, plus difficiles avec l'autorité du père qui limitait les choix.

> Ainsi, la peur caractérise aussi bien les CINQ, que les SIX et les SEPT. Mais ceux-ci la manifestent de manière très différente. Les CINQ la retourne contre eux et ils se mettent en retrait ; les SIX l'évitent et la contrôlent ; les SEPT l'évacuent à l'extérieur et, ainsi, la diluent.

Les souvenirs d'enfance des HUIT

Au long de leur enfance, les HUIT se sont sentis menacés. Ils ont eu l'impression que quelqu'un ou plusieurs personnes voulaient les dominer, les contrôler. Pour eux, la seule défense possible était l'*af-*

frontement, pas nécessairement physique. « Chaque fois que je râle, que je m'insurge, ça marche. En revanche, si je ne réagis pas, je suis laminé ! » C'est ainsi que les HUIT se sont tournés *systématiquement contre les autres*. Ils se sont différenciés en prenant le contre-pied et sont devenus offensifs, agressifs. De manière très forte. Les gamins des rues ou ceux qui ont été livrés à eux-mêmes par manque d'autorité parentale sont prédisposés aussi à ce processus de structuration.

Les petits HUIT évacuent tout ce qui pourrait ressembler à de la faiblesse. Faire preuve de gentillesse, de tendresse, c'est faire preuve de faiblesse. Se battre est beaucoup plus drôle et finalement... moins dangereux. Ce qui importe, par dessus tout, c'est *être fort*. Ils ne conçoivent pas de « s'écraser » et répondent aux adultes, aux professeurs. Quelles qu'en soient les conséquences. Cela ne les effleure même pas. Ils agressent d'abord et réfléchissent ensuite. Juste avant l'attaque, tous les indicateurs tels que « fais gaffe, il est plus fort que toi ! » ou « si tu fais ça, tu risques de le payer très cher ! » sont gommés. Ce mécanisme de défense est le ***déni*** : la réalité n'arrive pas à la conscience.

Les souvenirs d'enfance des NEUF

Pendant leur enfance, les NEUF ont eu l'impression d'être « assis entre deux chaises ». Quoi qu'ils fassent, cela ne convenait pas à tout le monde. Leurs besoins, leurs idées ont été peu entendus et très peu pris en compte. Ils ont fini par considérer que les besoins des autres étaient plus importants que les leurs. « Si au moins, j'étais l'aîné, si au moins j'étais une fille, si j'étais blond, etc. » Souvent, ils ont manqué d'affection de la part de leurs parents, en particulier de leur mère. À moins que ceux-ci n'aient eu peur de les gâter.

Ayant été très peu reconnus, ils étaient incapables de savoir ce qui était bon et ce qui était mauvais. De ce fait, pour eux, dans tout, il y a des bons et des mauvais côtés. Leur mécanisme de défense est le **clivage de l'objet**. Impossible pour eux d'exprimer de la colère, ce serait prendre parti et dépenser beaucoup d'énergie, ce qui est impossible. « Finalement, tout ça me fait le même effet que l'eau sur les plumes d'un canard : ça glisse ! »

Ne sachant quel camp choisir, quel parti prendre, ils ont présenté « un profil bas » et se sont repliés dans leur monde intérieur. Aussi, quand ils veulent communiquer, donc partager des émotions, n'ont-ils d'autre choix – inconscient – que de *fusionner* avec leurs interlocuteurs.

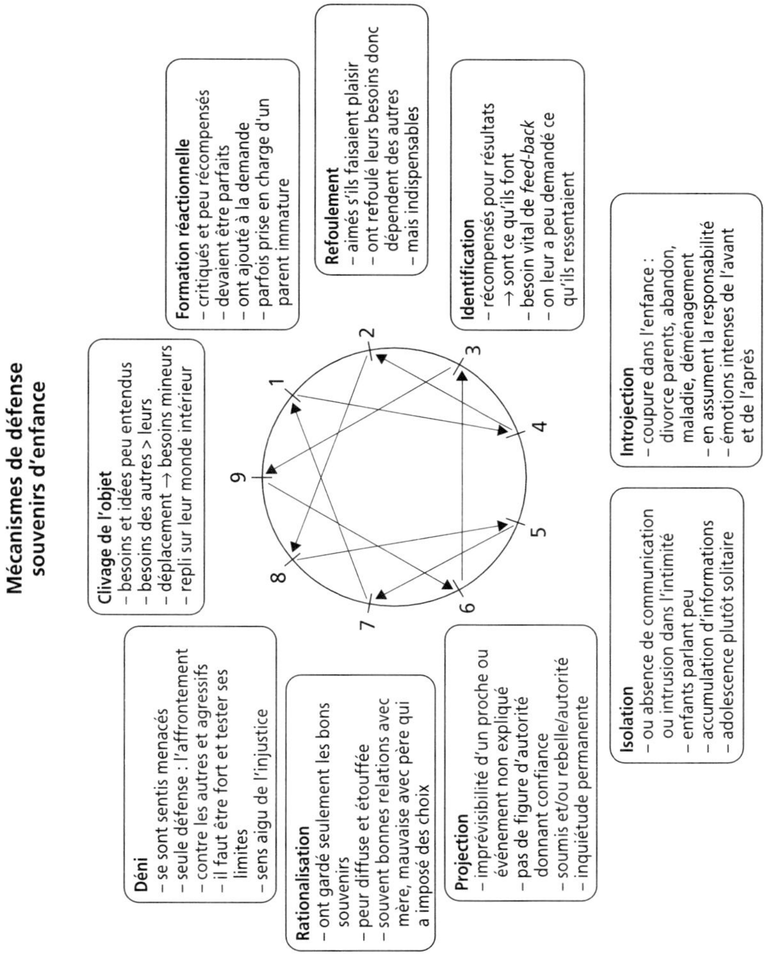

Chapitre 10
Les caractéristiques de chaque base

« Ce que tu ne vois pas, Sid,
c'est que l'essentiel de ta vie
est régi par des processus inconscients. »
Milton H. Erickson

Petit à petit, un jeune enfant se rend compte que ses pulsions – le moi-pulsion du schéma du chapitre précédent – ne sont pas toujours en phase avec le monde extérieur tel qu'il le perçoit. Il croit pouvoir atteindre un jour son plein épanouissement personnel, réaliser ses désirs les plus profonds et s'aperçoit qu'il y a loin de la coupe aux lèvres. Sans doute même n'y arrivera-t-il jamais. Alors, naît le désir de compenser en construisant sa propre vie en rupture avec le monde extérieur, et en ne sélectionnant du monde que ce qui est acceptable pour se construire. Il s'agit donc d'une formidable distorsion mais qui permet de vivre... en attendant mieux.

L'énergie et la conscience de soi peuvent provenir de trois centres énergétiques qui sont les trois régions du corps que nous avons déjà envisagées précédemment : la **tête** (l'intellect, le mental, l'esprit, la conscience), le **cœur** (l'affectif, le relationnel) et le **corps** (les viscères, l'instinct de la survie).

1. Le déséquilibre des centres énergétiques

Comme on l'a déjà vu au chapitre 8, avec la présentation de l'ennéagramme, on retrouve les différents centres énergétiques mis en lumière, il y a moins de cinquante ans, par le biologiste P. D. MacLean, qui ne connaissait certainement pas cet outil des soufis.

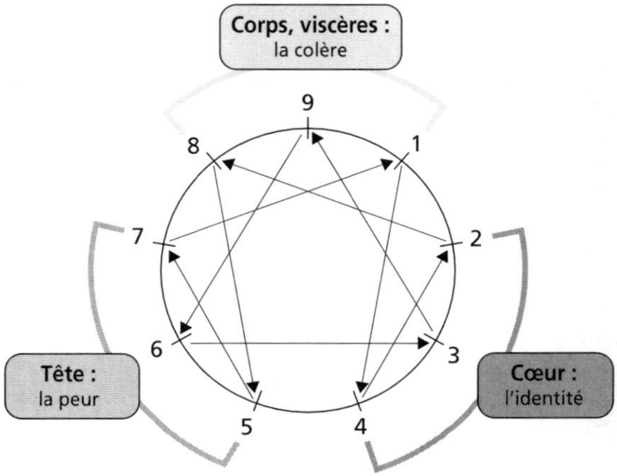

Pour la triade DEUX, TROIS, QUATRE : privilégier le cœur, c'est douter de son identité

Il arrive souvent, dans cette triade, que les intéressés se demandent s'il y a quelqu'un à l'intérieur d'eux-mêmes, si c'est habité. L'extérieur ne pose pas de problème, mais l'intérieur est un mystère. « Si je frappe à la porte, est-ce qu'on m'ouvrira ? » Le sens de l'identité est dans la relation avec les autres. Il est donc perçu comme étant à l'extérieur. « Si je n'ai plus de relations, suis-je encore vivant ? » Cela implique un *cadre de référence externe* dominant.

• *Les DEUX ont besoin d'avoir des relations pour savoir qui ils sont.* Des relations avec d'autres personnes identifiées et appréciées : *« pour que je sache qui je suis, il faut que je génère chez l'autre de la reconnaissance et de la dépendance. »* Les DEUX n'ont donc d'autres choix que le *tri personnes*. Aussi, quand ils arrivent quelque part, voient-ils d'abord les gens et se demandent-ils aussitôt avec qui il sera intéressant d'établir une relation. Être autant en quête de l'autre et de ses besoins fait qu'ils méconnaissent les leurs.

• *Pour les TROIS, la quête de leur identité se fait par activités interposées.* Ils attendent de l'environnement la reconnaissance de ce qu'ils font : leur production, ce qu'ils ont dit, leur aspect extérieur, etc. Pas de ce qu'ils sont. Quand ils arrivent quelque part, ils se demandent aussitôt ce qu'ils vont pouvoir faire pour obtenir de la reconnaissance. Car il faut qu'il y ait un retour. Un rejet est aussi une forme de retour. Tout plutôt que l'indifférence. Ils ont, bien entendu, un *tri activités* dominant. Situés au centre de la triade *cœur*, les TROIS se sentent obligés de faire pour obtenir de l'affectif, ce qui rend l'activité plutôt *compulsive*. « Si je n'ai plus de reconnaissance par l'autre, je n'ai vraiment plus conscience de mon existence. » Sans activités, les TROIS sont perdus.

• *Les QUATRE se placent d'eux-mêmes à part.* Leur identité n'est pas discernable au commun des mortels. « L'autre doit être capable de comprendre ce que je ressens. Mais ce que je ressens est tellement spécial, tellement intense que personne ne peut vraiment me comprendre. En fait, ma survie est d'être unique ! »

Chacune des bases de la triade DEUX, TROIS, QUATRE connaît aussi la peur et la colère et sait les percevoir et les exprimer, mais celles-ci ne sont pas au centre de leur vie.

Pour la triade CINQ, SIX, SEPT : privilégier la tête, c'est avoir peur

La peur empêche les bases de cette triade d'agir ou, au contraire, les pousse à agir. Mais, pour eux, elle est au cœur de leur vie, car elle a un lien avec la distorsion structurelle qu'ils ont mis en place au cours de leur enfance.

• *Les CINQ ont peur qu'on perçoive leurs émotions.* Pour eux, les émotions submergent l'esprit et empêchent de penser, d'observer, de se mettre en retrait, pour comprendre ce qui se passe. « Si je suis envahi par mes émotions, je risque de dire n'importe quoi. Aussi, je m'en méfie comme de la peste ! » Une relation peut être perçue comme agréable avant, quand ils s'en font une idée, ou après quand ils y repensent, mais pas pendant son déroulement. Pour les CINQ les émotions se vivent en différé.

• *Les SIX ont peur de ne pas savoir comment réagir, de ne pas comprendre ce que les autres attendent d'eux.* Ils ont toujours peur de ne pas être prêts. « Quelles intentions a-t-il envers moi ? Pourquoi me demande-t-il cela ? Qu'est-ce qu'il veut réellement de moi et qu'il ne dit pas ? » Situés au centre de la triade *tête*, les SIX sont tellement amenés à faire de la projection qu'ils vont être sans cesse *perturbés par le doute*. Et cela les fait *penser en rond.* Aussi est-il difficile pour eux de sortir de la réflexion. Heureusement, les flèches de l'ennéagramme les conduisent dans une autre triade, cœur ou viscères.

• *Les SEPT ont peur d'être enfermés, de n'avoir plus de choix.* Tant qu'il y a des échappatoires, d'autres options, d'autres possibilités, la situation est acceptable. Sinon, c'est l'enfer.

Bien entendu, chaque base de cette triade peut avoir aussi des problèmes d'identité et recherche parfois qui il est ou connaît la colère et la manifeste à l'occasion, mais ces deux concepts ne leur servent pas de fils directeurs.

Pour la triade HUIT, NEUF, UN : privilégier son côté viscéral conduit à la colère

Pour les trois bases de cette triade, la colère est quelque chose de central dans leur vie, même si chacune l'exprime de manière très différente, alors qu'identité et peur peuvent être, à la rigueur, un bon sujet de conversation. Sans plus.

• *Pour les HUIT, la colère est un mode de communication tout à fait courant.* « Dans une journée, il y a toujours au moins une raison de râler ou de se mettre en colère ! » Penser que cela pourrait poser problème pour les autres, si toutefois cette idée leur venait, ne se fait que tardivement... en tout cas, seulement après avoir exprimé leur colère. Car pour eux, exprimer leur colère est capital et leur fait plaisir. Aussi les HUIT ne reconnaissent-ils que ceux qui sont capables de réagir, comme eux, sur ce mode-là.

• *Pour les NEUF, la colère – ou même simplement dire non – doit être évité à tout prix.* C'est ce qu'il y a de plus dangereux au monde, pour eux comme pour les autres. Aussi ont-ils développé des stratégies pour réduire leur niveau d'énergie et, ainsi, être sûrs que leur colère contenue ne risque pas d'exploser. Situés au centre de la triade *viscères*, l'instinct, qui est un moteur énergétique puissant, amène les NEUF à *réduire les gaz,* de manière réflexe, et à se mettre en retrait. C'est d'ailleurs une réaction qu'ils savent assez mal contrôler. Celle-ci peut les amener à se mettre pendant six heures devant la télévision pour regarder des émissions qui ne les intéressent pas du tout. Ils sont instinctivement absents et n'en mesurent pas les conséquences éventuelles.

• *Quant aux* UN, *leur colère est quasi inconsciente et ils la retournent contre eux-mêmes*. Il leur arrive de manifester à l'extérieur ce que d'autres appellent de la colère. Pour eux, ce n'en est pas. Il s'agit, tout simplement, d'une *légitime indignation* et ils ne se rendent absolument pas compte que pour l'exprimer ils ont dû élever le ton comme pour... de la colère.

2. Les comportements fréquents de chaque base

Base UN

Pour un UN, il faut être irréprochable. Tout est à prendre sous l'angle bien ou mal, noir ou blanc. Il critique les autres et lui-même et a parfois l'impression d'avoir en lui deux personnages. C'est un travailleur infatigable qui passe un temps énorme à tout bien préparer. Il a du mal à convenir qu'il y ait des limites au temps et aux possibilités de l'homme. Il est excessif, insatisfait, intolérant mais ne l'exprime pas. Il est méthodique à l'excès et se noie dans les détails. Il revient souvent sur son passé et rumine tout ce qu'il pense avoir mal fait. Il remet facilement au lendemain pour ne pas risquer une erreur, aussi est-il lent à se décider. Il est honnête, franc, intègre et compatissant.

Base DEUX

Un DEUX a besoin qu'on ait besoin de lui. Son attention est tout entière orientée vers les besoins des autres. Il se préoccupe de leur donner ce qui leur fera le plus plaisir. Il s'attend, en retour, à ce que ceux-ci remarquent ses efforts et le lui rendent, d'une manière ou d'une autre. Il peut, alors, être perçu comme « un peu collant ». Attiré par le sexe et par ceux qui sont difficiles à approcher, il sait flatter et séduire. Il perçoit très vite ce que souhaitent les autres et ressent plus qu'il ne pense. Il est accueillant, dévoué, sensible, prévenant, chaleureux, digne de confiance et responsable. Il est naturellement non violent et peut même vivre dans une innocence heureuse. Pour lui, l'important n'est pas de juger, mais d'aider.

Base TROIS

Un TROIS pense que sa valeur est fonction de ses succès. Il confond identité et rôle. Il a confiance en lui-même, est efficace et sait persuader. Décidé, agressif, conscient de son statut, il sait voir et recadrer les choses de manière positive. Il est très actif au point de confondre ce qu'il fait avec ce qu'il est. Excellent organisateur, il sait déléguer, faire travailler en groupe, communiquer son enthousiasme, mettre de la cohésion et faire gagner l'équipe. Il est pointilleux sur la définition des objectifs et sur les critères d'évaluation des performances. Il sacrifie sa vie au succès de son entreprise et attend des autres qu'ils en fassent autant. Il aime plaire, quitte à être un peu caméléon.

Base QUATRE

Ayant fréquemment grandi avec un sentiment d'abandon, un QUATRE se considère comme *à part*. Il est très sensible et volontiers mélancolique. Il adore la mise en scène. Attiré par l'inaccessible et le tragique, il dramatise facilement. Aussi est-il assez souvent incompris des siens. Alors, il déprime. Il évite d'être amoureux, par peur d'être abandonné. Souvent accaparé par ses pensées, il a du mal à aller jusqu'au bout de ses phrases. Il a un sens inné de l'expression, est indépendant, original, charmant, aime le sexe et, d'une manière générale, tout ce qui lui semble beau. Il est attirant, compatissant, extrêmement sensible, créatif, élégant et fait preuve d'un très bon goût.

Base CINQ

Un CINQ s'isole pour réfléchir et reconstruire le monde selon son propre modèle. Plus observateur et réfléchi qu'engagé, son silence, dans un groupe, peut finir par gêner. Patient, capable de raisonnement et de créativité, sa force réside dans ses connaissances. Il est réceptif et n'aime pas travailler en équipe. Jaloux de son intimité, il a horreur des émotions fortes et a besoin d'espace et de temps pour lui-même. Il est très avare de ce temps et de tout ce qu'il sait. Il évite la compétition et n'aime pas les personnes autoritaires. Il déteste qu'on attende quelque chose de lui. Pour lui, tout est intéressant à comprendre et peut être appréhendé avec humour.

Base SIX

Un SIX ressent la vie et le monde comme très exigeants envers lui – et dangereux. Il est craintif, a besoin de suivre des règles et d'être légitimé. Loyal, dévoué, chaleureux envers les siens, il leur donne un sentiment de puissance et de pouvoir. Il y a *les siens* et *les autres*. Il respecte les traditions, est sérieux et prêt au sacrifice. Il a du mal à se décider, tellement il craint de faire une erreur. Son problème majeur est l'insécurité. Aussi les changements l'effrayent-ils. L'appréhension d'un danger peut ou le paralyser ou, au contraire, lui faire anticiper la riposte au nom de la loi.

Base SEPT

La vie, pour un SEPT, est une partie de plaisir et il veut toujours plus de ce qui est bon. Excité, actif et aventurier, stimulant, dilettante, il a gardé un côté enfant. Il commence tout et ne finit rien et, quoi qu'il fasse, il est en retard. Fou de sensations physiques et d'émotions fortes, il est rapide, drôle, excessif et adore ce qui est nouveau et différent. Il est rebelle, populaire, a de nombreuses relations. Il est optimiste, bavard, sait raconter des histoires et créer un climat enjoué. Il sait détendre des situations difficiles et mettre tout le monde de bonne humeur. Avec lui, tout est *« chouette », « super » ou « géant »*.

Base HUIT

Il faut qu'un HUIT domine. Pour cela, il cherche à intimider et à se battre. D'ailleurs, il s'agit essentiellement d'un combat pour la justice. Excessif, coléreux, il dépasse souvent ses limites et peut rechercher des expériences dangereuses. Dur à l'extérieur et tendre à l'intérieur, il aime les défis, respecte ceux qui rendent les coups et protège les siens. Il exprime haut et fort ses sentiments, quels qu'ils soient, et n'a cure de ce que les autres pensent de lui. Il a besoin d'espace et devient redoutable quand il s'ennuie. Enthousiaste pour tout ce qu'il entreprend, il déborde d'énergie tant au travail que pour les loisirs.

Base NEUF

Un NEUF a un grand sentiment de paix intérieure. Apaisant, endurant, intuitif, amical, équilibré, il aime par-dessus tout l'harmonie.

Pour éviter tout ce qui peut le perturber, il a du mal à dire non et à prendre des décisions. Aussi accepte-t-il la routine. Il est indolent et a besoin de stimulations extérieures. Il est souvent en retard : le temps passe si vite ! Il exprime sa colère de manière détournée. Il peut être possessif, jaloux et têtu. Sa simple présence fait ralentir tous ceux qui n'arrêtent pas de courir. Il sait très bien écouter, conseiller, arbitrer et réconcilier. Il comprend tous les points de vue et pense qu'on peut toujours s'entendre et vivre en harmonie.

3. Ennéagramme et utilisation du temps

La structuration du temps varie selon les personnes. Il n'est donc pas surprenant qu'elle soit liée à la typologie de l'ennéagramme.

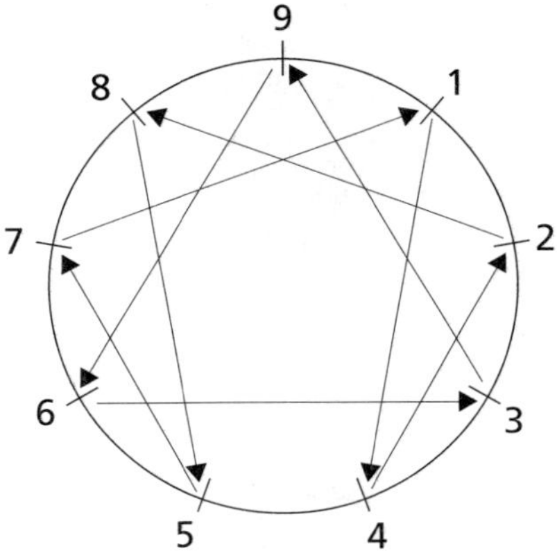

Voulez-vous, dans un premier temps, répondre au test de la page 123 qui confirmera – ou non – votre appartenance à telle base de l'ennéagramme ?

Les UN *et le temps*

Les UN sont, le plus souvent, orientés vers le **passé.** Ce programme leur est indispensable pour voir ce qui manque, ce qui n'est pas encore parfait. Pour les UN, le temps est un ennemi qu'il est nécessaire de dompter. Ou plutôt une denrée précieuse, *rarement suffisante*. Il leur arrive souvent de vouloir arrêter le temps, pour revenir sur les choses et les parfaire. Alors seulement, ils pourraient passer au point suivant. Les UN savent remarquablement *remettre au lende-*

main. Puisqu'ils n'auront, de toute façon, pas suffisamment de temps pour faire les choses comme il faudrait, ce n'est pas la peine de commencer. Les UN aiment être à l'heure, et que les autres le soient aussi. Simplement parce qu'être en retard, ce n'est pas bien !

Les DEUX et le temps

Les DEUX sont orientés vers le **présent** et vivent souvent **l'instant présent.**

Pour eux, le temps est une occasion de rencontrer les autres. Il ne leur appartient donc pas. Tout se passe, en fait, comme si quelqu'un d'autre tenait leur agenda, car ils arrêtent très souvent ce qu'ils font dès que quelqu'un leur demande de l'aide. Ils se font donc « bouffer » tout leur temps. Aussi ont-ils l'impression de ne jamais avoir de temps pour eux-mêmes, ce qui ne les perturbe pas outre mesure. En somme, pour les DEUX, *le temps est extérieur.* Un changement important pour les DEUX : leur faire prendre du temps pour eux-mêmes. C'est très efficace !

Les TROIS et le temps

Les TROIS se promènent **dans le temps** avec délices. Ils sont également capables de faire quinze choses à la fois et savent, malgré cela, où ils en sont. Très exactement. Ils prévoient un temps précis pour faire chaque chose et programment leurs journées de manière automatique. Mais ils chargent souvent le navire à l'excès, par peur du vide. Un trou dans l'emploi du temps serait intolérable ! C'est assez difficile à vivre en famille. C'est très commode dans la vie professionnelle, mais plus pour leur patron que pour leurs collègues et surtout leurs collaborateurs. Pour eux, le temps est un *moyen*, un *outil* pour faire quelque chose, un *véhicule* pour aller quelque part. La perspective d'un arrêt les inquiète : « Que vais-je faire de cette grande journée de repos ? » Il ne faut pas perdre une minute, car le temps est mesuré. Toutefois, tenir dans le temps est secondaire. Ce qui compte, c'est finir tout le travail prévu, même s'il faut y passer la nuit ou le week-end.

Les QUATRE et le temps

Les QUATRE sont orientés vers le **passé** ou vers le **futur imaginaire.** Le futur réel les passionne peu. Le présent encore moins. Quand ils se remémorent leur passé, le classement chronologique s'efface devant l'intensité du souvenir émotionnel. Ils se créent une quantité impressionnante d'images mentales et moulinent beaucoup dans leur tête. Pour les QUATRE une montre ne présente aucun intérêt. Un bon film dure... le temps qu'il faut. Un mauvais film dure... beaucoup trop longtemps. Le temps n'a, en fait, *aucune existence réelle*. Il ne se mesure qu'à l'intensité émotionnelle. Planifier le temps n'a aucun sens. N'envoyez jamais un QUATRE en stage de gestion du temps. Vous utiliseriez mal votre argent et lui y perdrait son temps (si toutefois cela peut avoir un sens pour lui !). Mais, au moins saura-t-il s'amuser au détriment du formateur ou des autres participants !

Les CINQ et le temps

Les CINQ attachent une très grande importance à la **chronologie** des événements. Celle-ci leur permet de comprendre beaucoup de choses. Sans cesse, ils se *déplacent dans le temps* et savent, au besoin, découper très grand ou très petit. Les CINQ ont besoin de consacrer du temps pour eux-mêmes, sinon ils sont très malheureux. Du temps pour repenser, revivre les émotions qu'il vaut mieux ne pas manifester en public. Également des plages de temps pour profiter de la vie. Cela ne signifie pas qu'ils aient besoin de beaucoup de temps pour se décider. Mais, ils ne savent pas improviser. « Comment voulez-vous que j'improvise puisque je ne m'y suis pas préparé ! » pourrait être un bon mot de CINQ. Aussi, ne laissent-ils jamais leur agenda à portée de leur secrétaire et se ménagent-il des *temps secrets* (même si, le plus souvent, ils ne les utilisent à... rien de bien particulier !)

Les SIX et le temps

À cause de leur doute viscéral, les SIX ont très souvent **besoin de temps** pour prendre des décisions. « Qu'est-ce que ma décision va bien provoquer chez les autres ? » Cela peut durer trois jours ou... dix ans. Mais dès que cette décision est prise, il faut la mettre en œuvre... tout de suite ! À partir de ce moment-là, le temps commande. Les SIX savent aussi bien vivre l'instant que se déplacer dans le temps et sont le plus souvent *orientés vers le futur*. Ce sont des gens ponctuels, qui ont besoin d'un programme précis. Qu'on désorganise leur emploi du temps les perturbe beaucoup.

Les SEPT et le temps

Les SEPT sont les rois de l'improvisation. Si un imprévu leur arrive, c'est la joie ! Tant qu'il y une issue – plusieurs est encore mieux –, ils sont sauvés. Ils remettent souvent l'exécution d'un projet au lendemain : sans doute auront-ils trouvé, *in extremis*, une solution encore bien meilleure ! En alternance, ils vivent l'instant ou se déplacent dans le temps. Avec une facilité déconcertante. Cela leur permet d'envisager des liens, apparemment invisibles, entre une foule de choses. Les SEPT sont *orientés vers le présent* ou *vers le futur*, mais pratiquement jamais vers le passé. Aussi n'ont-ils que très peu de souvenirs d'enfance. Ils n'en gardent que les meilleurs.

Les HUIT et le temps

Pour les HUIT, il est important d'avoir le **contrôle du temps**. Du leur... et de celui des autres, pour ne jamais être pris au dépourvu. Le temps leur appartient et l'*horloge avance à leur rythme*. Ce n'est pas un problème ! Avoir un patron HUIT rend la gestion de votre propre temps extrêmement périlleuse. Surtout si vous n'êtes ni SEPT, roi de l'improvisation, ni TROIS, maniaque du travail ! Les HUIT sont très souvent *orientés vers le présent*. Ils peuvent aussi bien se déplacer dans le temps que vivre l'instant présent.

Les NEUF et le temps

Les NEUF recueillent inconsciemment les émotions des autres. Ils *fusionnent* avec une grande facilité. Pour ne pas créer de problème à qui que ce soit, ils font gérer leur emploi de temps par quelqu'un d'autre. Aussi leur rapport au temps est-il très particulier. **Les instants ont tous la même durée**. Leur tempo interne est le plus lent de toutes les typologies de l'ennéagramme. Les émotions leur arrivent doucement. Aussi ne se mettent-ils jamais en colère très vite. Ils ont du mal à dire non, puisque l'autre, le demandeur, risque d'être triste. Et, à la différence du DEUX qui en attend un retour, l'autre, ce peut être n'importe qui. Les NEUF sont lents à décider et à se décider, lents à choisir. Pour ne déplaire à personne. L'important est d'en rester strictement à ce qui était prévu. Plus on essaie de stresser un NEUF, plus celui-ci ralentit. Il lui arrive d'occuper son temps à ranger des papiers... tout une après-midi. Un travail de routine ne le rebute pas du tout. Il trouve même cela très intéressant ! Les NEUF *vivent* souvent *l'instant présent*, perdus dans leurs pensées et dans leurs interprétations.

Perception et utilisation du temps

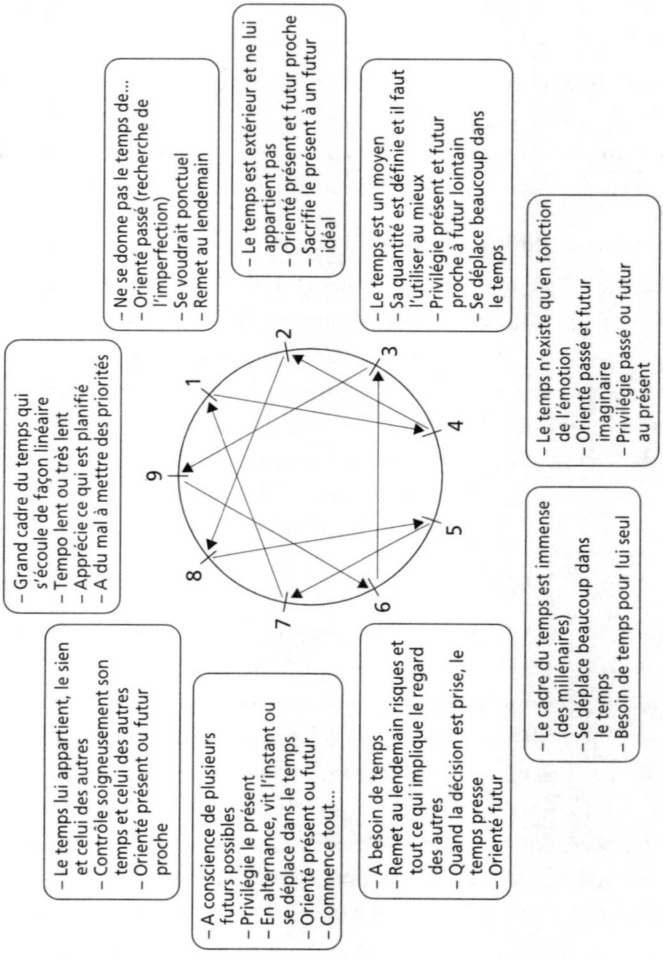

4. Test : selon votre mode d'utilisation du temps, quelle est votre base dominante ?

Cotez chaque item qui suit de la façon suivante :
- 0, si l'affirmation ne vous concerne absolument pas.
- 1, si celle-ci vous concerne de temps en temps.
- 2, si celle-ci vous concerne souvent.
- 3, si celle-ci vous va vraiment comme un gant.

1. ☐ Le passé vous sert de référence pour bien vous rendre compte de tout ce qui manque encore chez vous.
2. ☐ Vous aimez bien faire tenir votre agenda par votre secrétaire (votre femme, votre mari). Cela vous évite de choisir les priorités : cela déplaît toujours à quelqu'un.
3. ☐ La gestion du temps n'est pas un problème. C'est juste une question de contrôle.
4. ☐ Vous avez besoin de temps pour prendre une décision, mais lorsque vous vous décidez, il faut réaliser les choses sur-le-champ.
5. ☐ Vous aimez bien remettre au lendemain un projet près d'aboutir. Il y a de grandes chances que vous trouviez, *in extremis*, une solution encore meilleure.
6. ☐ Pour vous, la chronologie des événements de votre passé est sans importance. Ce qui compte, c'est l'intensité des émotions que vous avez vécues.
7. ☐ Pour vous, la chronologie des événements est capitale. Elle permet de comprendre l'enchaînement des choses.
8. ☐ Ce qui vous intéresse, c'est moins le présent que le passé ou le futur.
9. ☐ Le temps est un outil pour faire beaucoup de choses. Il vous arrive de sous-estimer le temps nécessaire pour réaliser tout ce que vous avez prévu.
10. ☐ Pour vous, le temps sert à rencontrer des gens.
11. ☐ Le temps est une denrée précieuse et il vous en manque pour accomplir vraiment bien ce que vous faites.
12. ☐ Vous vous faites accaparer votre temps et il ne vous en reste guère pour vous-même. Mais ce n'est pas grave si cela vous a permis d'être utile à quelqu'un.
13. ☐ Pour vous, le temps est mesuré. Aussi faut-il planifier chaque chose pour ne pas se laisser déborder.

14. ☐ Vous n'avez pas de montre, car cela ne sert à rien.
15. ☐ Vous avez besoin de temps pour repasser dans votre tête les émotions que vous ne pouviez pas exprimer en groupe.
16. ☐ Le temps est une chose très sérieuse qu'il faut gérer au plus près.
17. ☐ Même si vous n'y arrivez pas toujours, vous aimez être ponctuel : c'est une question de principe.
18. ☐ Vous aimez être ponctuel. C'est une simple question d'organisation.
19. ☐ Vous aimez vivre l'instant présent et vous avez horreur qu'on vous stresse inutilement. D'ailleurs pourquoi ne pas en rester à ce qui était prévu ?
20. ☐ Vous n'aimez pas passer du temps à vous occuper de vous. C'est sans grand intérêt.
21. ☐ Rien ne presse vraiment. Il n'y a que certaines personnes qui soient pressés.
22. ☐ Pour vous, les moments où vous ne faites rien sont du temps perdu.
23. ☐ Vous ressentez beaucoup de nostalgie lorsque vous évoquez votre passé.
24. ☐ Vous aimez bien arriver légèrement en avance à vos rendez-vous.
25. ☐ Quand vous avez défini votre emploi du temps, vous faites tout pour vous y tenir.
26. ☐ On vous dit avare de votre temps. En fait, vous n'aimez pas le gaspiller.
27. ☐ Lorsque quelque chose est agréable, le temps ne compte absolument pas.
28. ☐ Vous avez un tempo lent et vous aimez prendre votre temps.
29. ☐ Le temps passe très vite quand vous êtes avec des amis.
30. ☐ Vous arrivez toujours à insérer une action urgente dans votre emploi du temps.
31. ☐ Vous aimez avoir du temps à vous pour réfléchir sérieusement.
32. ☐ Vous détestez que quelqu'un intervienne dans l'organisation de votre temps.
33. ☐ Lorsque vous vivez une émotion intense, vous avez l'impression que le temps passe à toute vitesse.
34. ☐ Vous ressentez le temps comme quelque chose de tyrannique.
35. ☐ La montre est une référence importante pour tout le monde.
36. ☐ Pour vous, une chose agréable l'est encore davantage, si elle dure plus longtemps.

Reportez maintenant vos notations dans le tableau ci-dessous.
Chaque ligne porte un numéro d'item. Inscrivez votre cotation dans la case blanche. Additionnez les points, colonne par colonne, partie gauche du tableau, puis partie droite.

Item n°	1	2	3	4	5	6	7	8	9	Item n°	1	2	3	4	5	6	7	8	9
1										19									
2										20									
3										21									
4										22									
5										23									
6										24									
7										25									
8										26									
9										27									
10										28									
11										29									
12										30									
13										31									
14										32									
15										33									
16										34									
17										35									
18										36									
Totaux 1 à reporter										Totaux									

Ajoutez totaux 1 + totaux 2. Quelle est pour vous la base dominante ?

Chapitre 11
Ennéagramme et PNL

« Celui qui me vient avec son langage
pour saisir et exprimer l'homme dans la logique de son exposé
me paraît semblable à l'enfant qui s'installe au pied de l'Atlas
avec son seau et sa pelle et forme le projet
de saisir la montagne et de la transporter ailleurs. »
Antoine de Saint-Exupéry, *Citadelle*

La programmation neurolinguistique met à notre disposition de merveilleux outils pour mieux communiquer avec notre entourage : *synchronisation, écoute active, bonne formulation d'objectifs*, etc. Avec les métaprogrammes et la gestion des émotions, nous avons abordé une approche du fonctionnement des autres et de nous-mêmes. Avec les critères et les croyances, nous prenons de la hauteur et entrons dans des connaissances de fonctionnement plus globales.

La PNL répugne à l'élaboration et à l'utilisation de typologies, donc de modèles qui classent les individus en fonction de traits de ressemblance. Pour les créateurs de la PNL, Richard Bandler et John Grinder, ce genre de démarche conduit à mettre des *étiquettes* et à se donner des *préjugés* qui sont des écrans pour l'observation attentive et l'écoute active de chacun, dans sa différence. Et il faut bien reconnaître que la grande force de cette conception est qu'elle oblige à *se centrer sur son interlocuteur* et à rester extrêmement attentif à tout ce qu'il fait, dit et montre au moment de l'échange.

Mais cette attitude comporte aussi quelques inconvénients. D'abord, elle exige une attention énorme de chaque instant. Et ce n'est pas toujours facile de rester en observation assidue, tout au long de la journée. Ensuite, elle permet difficilement une compréhension globale de la personne. Ceci est indispensable quand il faut comprendre très vite et notamment au cours de négociation avec des inconnus. Enfin, elle conduit à une démarche inductive qui n'est pas aisée pour ceux d'entre nous qui procèdent plutôt de manière globale et déductive[1].

Aussi, depuis une dizaine d'années, certains enseignants de la PNL, comme Anné Linden[2], directrice du New York Training Institute (NYTI), ont repris la typologie de l'ennéagramme, telle que l'avait décrite sa compatriote Helen Palmer[3]. Mais, comme ce fut le cas pour tous les autres concepts de la PNL, on doit à Anné Linden, à Françoise Cavé et à Dominique Laugero de CAPNL[4], d'avoir enrichi l'ennéagramme et de l'avoir intégré à la PNL.

L'ennéagramme a l'avantage, par rapport à beaucoup d'autres typologies, de présenter *des ensembles en interaction*, à la fois globaux et tout en nuances. Il explique pourquoi nous préférons tel métaprogramme, telle valeur et telle croyance et en fait un tout cohérent et facilement compréhensible, mais, et c'est là sans doute, le point le plus important, **intégré dans un système évolutif**.

Au cours de ce chapitre, nous aborderons les relations qui existent entre les différentes bases de l'ennéagramme et les programmes de la PNL, puis les critères ou valeurs, les croyances et la gestion des émotions.

1. Ennéagramme et métaprogrammes

Nous en avons déjà évoqué quelques-uns au cours des descriptions précédentes. Nous les reprenons et les complétons ci-après.

---

1. Esser M., *La PNL en perspective*, Ed. Labor, Bruxelles, 1993.
2. Linden A. et Spelding M., *The enneagram and NLP, a journey of evolution*, Metamorphous Press, Portland, 1994.
3. Palmer H., *L'Ennéagramme pour mieux vous connaître et comprendre les autres*, Ed. Vivez Soleil, 1995.
4. CAPNL, BP 8424 - 95 806 Cergy-Pontoise Cedex, ✆ (1) 30 38 89 00.

Base UN

Ce qui caractérise vraiment cette base, c'est la *comparaison* toujours sous-jacente entre *soi* et *soi idéal.* La parfaite ressemblance étant à obtenir tout de suite !

Pour ce qui est des autres métaprogrammes, nous retiendrons qu'un UN a le choix pour la taille de découpage. Il peut découper tout petit pour voir le détail qui ne va pas et découper aussitôt très grand pour en déduire que c'est une véritable catastrophe nationale. Bien entendu, il différencie *(mismatch)* beaucoup, et surtout avec lui-même. Il y a tellement de choses qui ne vont pas ! Il utilise de nombreux opérateurs modaux de nécessité: « il faut que... je dois... il est indispensable que... » etc. Il utilise, de préférence, le programme *loin de* et son cadre de référence est *interne.*

Base DEUX

Ce qui caractérise cette base, c'est un *tri personnes* très présent.

Pour ce qui est des autres métaprogrammes, un DEUX met le pinceau de sa conscience de préférence sur ses états internes et sur ceux des autres : que d'échanges d'émotions ! Il prend, comme s'il s'agissait d'une maladie contagieuse, les émotions des autres (en PNL, on appelle cela de la *contagion émotionnelle*), jusqu'à la fusion : « toi et moi, on est vraiment en phase, on ne fait qu'un ! » Aussi a-t-il tendance à prendre les maladies psychosomatiques qui passent à sa portée. On dit qu'il somatise facilement. Il préfère la *direction vers* et *l'implication active*, ne serait-ce que pour «chasser» tous ceux qui lui semblent difficiles à séduire. « Ce sont vraiment les plus intéressants ! », pense aussitôt un DEUX. Comme les deux autres bases de la triade identité, les TROIS et les QUATRE, il a un *cadre de référence externe.*

Base TROIS

Ce qui caractérise cette base, c'est un *tri activités* dominant.

Pour le reste, un TROIS centre sa conscience sur ses comportements externes et ceux des autres. C'est un fou des deux programmes *direction vers* et *implication active.* Son cadre de référence est *externe.* Il a un tempo de fonctionnement rapide et régulier.

Base QUATRE

Dans cette base, on focalise en permanence sur ses *émotions*. La conscience est donc branchée sur les états internes.

Pour le reste, un QUATRE se compare souvent aux autres, il se différencie (*mismatch*) de préférence par polarité. Il fonctionne lui-même sur le mode polaire, en particulier au niveau des émotions, tantôt totalement euphorique, tantôt complètement déprimé. Il somatise beaucoup et son cadre de référence est externe.

Base CINQ

Ce qui caractérise cette base, c'est un *tri informations* très performant.

Pour ce qui est des autres métaprogrammes, un CINQ oriente sa conscience surtout vers ses processus internes. En somme, il mouline ses pensées. Il utilise, de préférence, la *direction vers* et son cadre de référence est *interne*. Enfin, rappelons qu'il a horreur de montrer ses émotions en public.

Base SIX

Un SIX scrute sans arrêt les processus internes des autres : « à quoi peuvent-ils bien penser qu'ils ne disent pas toujours ? »

Pour ce qui concerne les autres programmes, il a un *tri personnes* dominant, s'intéresse aussi à ses propres processus internes et mouline beaucoup. Il utilise en maître toutes les possibilités du programme différenciation (*mismatching*) : polarité, contre-exemple, taille de découpage et métacommentaire. Il est également maître ès *lectures de pensées*, mais il vérifie ses hypothèses. Il préfère la *direction loin* et son cadre de référence est *interne*.

Base SEPT

Dans cette base, on ne peut pas dire qu'il y ait un métaprogramme caractéristique. Un SEPT a toutefois quelques préférences. Il aime bien focaliser sur les activités, a de nombreux accès à ses processus internes (il mouline), utilise volontiers des opérateurs modaux d'envie : « j'aimerais bien... j'ai envie de... je désire... » etc. Il préfère la *direction loin* et l'*implication active*. Son cadre de référence est *interne*. Enfin, il a un tempo de fonctionnement rapide mais irrégulier, agissant souvent avec une certaine frénésie.

Métaprogrammes
sauf ceux liés au temps

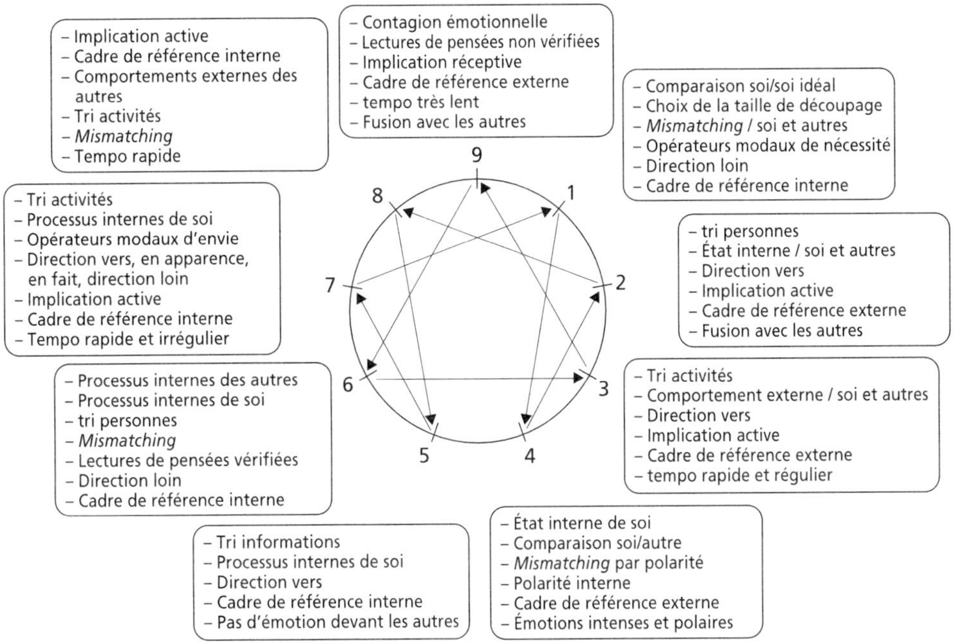

Base HUIT

Cette base se caractérise vraiment par une *implication active* pour pouvoir tout maîtriser et un cadre de référence *interne* pour être seul maître à bord.

En dehors de ces deux programmes majeurs pour lui, un HUIT se focalise sur les activités et sur le comportement externe des autres. Il pratique avec talent tous les types de *différenciations* : polarité, contre-exemple, taille de découpage et métacommentaire. Enfin, il est animé d'un tempo rapide.

Base NEUF

Ce qui caractérise cette base est la *contagion émotionnelle* : un NEUF prend les émotions des autres avec une facilité déconcertante : il *fusionne* très souvent.

Pour les autres métaprogrammes, il est souvent en conscience interne, il est le champion des *lectures de pensées* non vérifiées et préfère s'impliquer de manière réceptive. Il a un cadre de référence *externe*. Son tempo de fonctionnement est lent ou même très lent.

Le schéma de la page précédente est un synoptique des programmes préférentiels des différentes bases.

2. Ennéagramme et critères

Un critère est une généralisation concernant le monde ou vous-même, qui donne sens à l'expérience vécue. C'est une référence qui permet de porter des jugements. Un critère, une valeur, sont habituellement exprimés sous forme d'une *nominalisation* ou d'une expression verbale. Vous ne serez pas surpris d'apprendre que chaque base de l'ennéagramme est liée à un critère bien spécifique. Voici ces liens :

Base UN

La valeur essentielle est la perfection et son opposé est l'échec. Les UN ont, en effet, une bonne aptitude à transformer le *feed-back* en échec. Ce n'est pas très positif, mais c'est ainsi. Puisqu'il s'agit d'une nominalisation, ce critère peut, selon les personnes, porter différents noms. Certains parleront d'honnêteté, de vérité, de franchise, de moralité, du sens du devoir, de l'honneur ou de l'accomplissement de soi. En somme, tout ce qui est lié à l'image idéale de soi. Étant orientés de préférence *loin de...*, les UN ont plus conscience de leur imperfection que de leur recherche de la perfection. Ils ont l'intuition de ce qui va, sans doute, échouer. Et, s'engageant en scénario perdant, effectivement, ils échouent ! Pour éviter cela, ils sont capables de ne pas s'investir : « si je ne révise pas mon contrôle de math, je vais droit à l'échec, mais, compte tenu de l'effort fourni, je préfère avoir 12 dans ce cas, plutôt que 10 en ayant travaillé comme un fou. C'est une question de rapport qualité/prix ! » Quand ils reçoivent une lettre d'amour ou une gentille lettre de l'un des enfants en vacances, ils sont capables de se focaliser sur la faute d'orthographe... et d'oublier le reste. La taille de découpage peut être très grande pour le critère de perfection, et toute petite pour le critère échec, pour bien discerner tout ce qui ne va pas. « Ce petit détail que j'ai raté, là, dans le coin, pour moi, remet en cause l'harmonie de toute ma toile ! »

Des personnalités en base UN : le commandant Cousteau, Jean-François Deniau, Martin Luther King, Michel Serrault, George Bernard Shaw.

Base DEUX

Le critère important est la *reconnaissance par les autres*. Le pôle positif s'appelle amour, amitié, générosité, entraide, partage, don, altruisme, dévouement, séduction, etc. Cela tourne autour de *plaire*. Le pôle négatif prend les noms de solitude, rejet, égoïsme, indifférence, ingratitude, méchanceté. La simple idée de pouvoir *être heureux seul* est abominable. Il est inconcevable, par exemple, de s'attabler seul devant du foie gras ! L'isolement, la solitude prolongée sont des choses pénibles à vivre : c'est une perte d'identité.

Des personnalités en base DEUX : Alice Donna, Mireille Dumas, Marie Madeleine des Évangiles, Jerry Lewis, Madona, Elvis Presley, Elizabeth Taylor, Charlotte de Turkheim.

Base TROIS

La valeur primordiale est *agir et être vu en pleine action* pour en obtenir de la reconnaissance. Mais cela n'a pas besoin d'être parfaitement réussi. « C'est toujours une bonne chose de faite ! » est une phrase courante chez les TROIS. Le pire pour eux est d'être incapable d'agir. Déjà, n'avoir aucun *feed-back* est insupportable. Les écoles où les élèves ne sont ni notés ni évalués, d'une manière ou d'une autre, ne sont pas faites pour les TROIS. « J'ai fait des tas de choses et je n'en ai obtenu aucune appréciation. Aucune ! C'est insupportable ! » D'autres noms pour le pôle négatif de ce critère sont inefficacité, incapacité. Un TROIS ne supporte pas longtemps un patron qu'il juge *incompétent*. Pour le pôle positif, il peut utiliser l'un des noms suivants : performance, réussite, défi, compétence, succès, efficacité, dépassement.

Des personnalités en base TROIS : Jean-Louis Barrault, Camille de Casabianca (comédienne et réalisatrice), Jacques Chirac (contact en DEUX), Michael Douglas, Saddam Hussein, Alain Juppé, John F. Kennedy, Mathilda May (contact en QUATRE), Ronald Reagan, Keith Richard, Nicolas Sarkozy.

Base QUATRE

Le critère marquant est d'être authentique, vrai, unique, original, hors du commun. Les QUATRE sont très fiers de tout ce qui fait leur différence. Par exemple, « c'est très bien d'avoir 18 en français et 2 en mathématiques. Plutôt que 10 partout ! » ou « Il vaut mieux rendre copie blanche qu'une copie banale » ou encore « Il faut être Proust ou Einstein ». Le pôle négatif du critère est tout ce qui est moyen, normal, ordinaire, vulgaire. Rien de pire pour un QUATRE que « d'être comme les autres » ou « dans la moyenne » ou « médiocre » ! Ce qui compte plus que tout le reste, ce sont les émotions. Un QUATRE qui ne ressent plus rien est comparable à un TROIS qui ne fait plus rien ou un CINQ qui ne sait plus.

Des personnalités en base QUATRE : Joan Baez, Jean-Louis Barrault, Salvador Dali, Christian Delorme (le « curé des Minguettes »), Annie Duperey, Sœur Emmanuelle (la « petite sœur d'Égypte »), Marie Laforêt, Sophie Marceau (contact en CINQ), Alain Souchon, Agnès Varda, Orson Welles, Lambert Wilson.

Base CINQ

Le critère dominant pour les CINQ est de préserver leur intimité et ce qui les gêne le plus est d'être envahis. Préserver son intimité, c'est avoir du temps pour penser. Être envahi, c'est ne plus pouvoir penser ou, plus grave encore, être découvert au niveau de ses émotions. D'autres noms pour le pôle positif de ce critère : curieux, intelligent, pouvoir être seul (alors que pour un DEUX, c'est insupportable), libre, tranquille pour penser, pour savoir, pour comprendre, pour se ressourcer. Et pour le pôle négatif : être envahi, accaparé par quelqu'un ou par une tâche, se faire « prendre la tête », être incompétent sur le plan intellectuel, être incompris. Une horreur : la bêtise ! Quelques expressions favorites de CINQ : « L'ennéagramme, c'est bien parce que c'est quelque chose de complexe et d'inépuisable... » ; « celui-là, il a un pois chiche dans le cerveau ! » ; « cela m'étonne de ta part : tu réfléchis d'habitude ! »

Des personnalités en base CINQ : René Descartes, Albert Einstein, Sigmund Freud, Claude Julien (rédacteur en chef du *Monde diplomatique*), Franz Kafka.

Base SIX

La valeur importante est la loyauté, la confiance, la fidélité. Son contraire est la méfiance, l'impossibilité de prévoir, le changement pour le changement, c'est-à-dire le changement pour rien. « Cela fait plus de vingt ans que je le connais et je suis maintenant sûr de lui, certain qu'il sera loyal ! » Une horreur pour un SIX, en cas d'attaque : « ne pas être défendu par quelqu'un de confiance, qui devrait pourtant le faire ! »

Des personnalités en base SIX : Woody Allen, Robert Baden-Powell, Sherlock Holmes (héros créé par Conan Doyle), le metteur en scène Nikita Mikhalkof.

Base SEPT

La valeur principale est le choix, la liberté, le changement, la variété, le plaisir, la capacité de mouvement, la cohérence, la diversité, la possibilité de connexion des choses entre elles, de liens entre les différentes expériences. L'inverse est la monotonie, la routine, l'enfermement (dans une idée, un lieu, avec une personne), la dérision, l'effort pour l'effort, la réduction, le rapetissement, l'extrémisme, le blocage.

Des personnalités en base SEPT : Pierre Arditi (contact en SIX), Groucho Marx, François Mitterrand (contact en HUIT), Narcisse, Philippe Noiret, Peter Pan, Bernard Pivot, Véronique Sanson.

Base HUIT

La capacité de maîtrise, de contrôle, de main mise est fondamentale. Sinon, c'est faire preuve de faiblesse, ou pire, de gentillesse ou de tendresse. Cette capacité se manifeste souvent sous le couvert d'un critère de justice ou d'injustice. « Si quelqu'un se bat avec moi, à armes égales, c'est un combat juste et je n'ai rien à dire ! Est injuste une situation où l'on essaie de prendre le contrôle sur moi en catimini ! » Aussi, les HUIT sont-ils toujours prêts à partir en une juste croisade. D'autres noms utilisés quelquefois pour le pôle positif du critère de maîtrise : engagement, respect de la parole donnée, la capacité de décider, de trancher. Et, pour le pôle négatif : lâcheté, laisser-aller, faiblesse, hésitation, doute, peur de dire les choses, lâcher prise. À ce titre, les HUIT sont des gens difficiles à mettre sous transe hypnotique, à moins de les persuader qu'ils ont, précisément, la maîtrise parfaite de leur lâcher prise !

Des personnalités en base HUIT : Sean Connery, Jodie Foster (comédienne et réalisatrice), Henri VIII d'Angleterre, Albert Jacquard (transcendé par sa direction DEUX), Friedrich Nietzsche, Pablo Picasso.

Base NEUF

La valeur fondamentale est l'harmonie, la paix, l'équilibre, la sérénité, la recherche du consensus, l'objectivité, la neutralité (« Ne tirez pas sur mon drapeau blanc ! »), le naturel, la spontanéité, etc. L'inverse est la contrainte, l'effort, et pire, l'implication, le conflit, la discorde. Les NEUF détestent avoir à prendre parti pour une personne contre une autre.

Des personnalités en base NEUF : Edouard Balladur, Francis Cabrel, Dwight Eisenhower, Alfred Hitchcock.

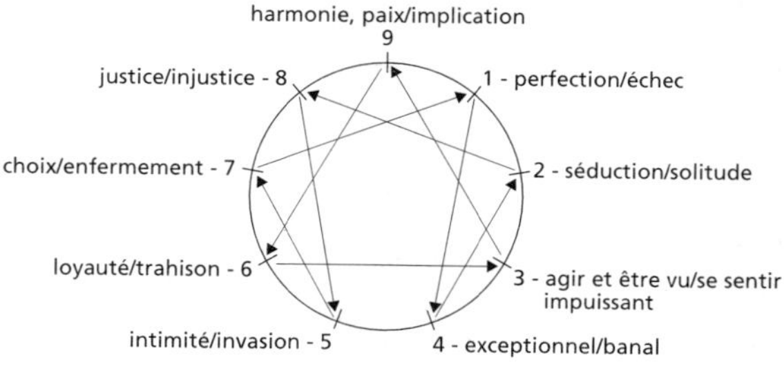

Critères, valeurs

3. Ennéagramme et croyances

Autour des critères s'organisent les croyances. Rappelons qu'il s'agit de généralisations qui créent, *au niveau inconscient*, des règles sur nous-mêmes et sur notre relation au monde. Elles nous permettent de remplir ou d'éviter nos critères principaux. Elles nous font sélectionner tout ce qui ajoute encore à leur évidence.

Chaque base de l'ennéagramme a ses croyances spécifiques. Des croyances à la fois utiles pour structurer la personnalité et limitantes quant aux choix possibles.

- Les croyances des UN : « je ne serai jamais assez bon » ; « je ne pourrai jamais être parfait » ; « je suis là pour endurer toutes sortes d'épreuves » ; « je suis incapable de me supporter moi-même ».
- Les croyances des DEUX : « je n'existe que si je suis reconnu et utile aux autres » ; « les autres doivent d'abord être heureux pour que je sois aimé » ; « les besoins des autres passent avant les miens ».
- Les croyances des TROIS : « je ne suis que ce que je fais » ; « plus je fais de choses, plus je serai reconnu » ; « je n'aurai jamais le temps de tout faire ».
- Les croyances des QUATRE : « je suis d'un caractère vraiment unique » ; « je ne mérite pas d'être aimé[1] » ; « les autres obtiennent tout ce que je désire » ; « un amour spécial me redonnera mon intégrité ».
- Les croyances des CINQ : « je n'en saurai jamais assez pour tout comprendre » ; « pour moi, savoir c'est être sauvé » ; « mes émotions me mettent en danger ».
- Les croyances des SIX : « pour moi, les apparences sont souvent trompeuses » ; « il faut toujours être prêt » ; « je dois garder mes distances » ; « les autres sont dangereux, ils peuvent me détruire » ; « je suis dangereux pour les autres et pour moi-même ».

1. Cette croyance se trouve aussi en base UN, en base DEUX (contact en UN) et parfois en base HUIT.

• Les croyances des SEPT : « la vie est une fête permanente » ; « je suis trop bien pour souffrir » ; « je ne peux pas avoir de désir, parce que je n'aurais plus de choix » ; « si je m'arrête, je vais être rattrapé par la peur ».

• Les croyances des HUIT : « je dois tout maîtriser » ; « je dois me battre sans cesse pour survivre » ; « je dois être quelqu'un de fort ».

• Les croyances des NEUF : « je ne sais pas où est ma place dans le monde » ; « tout peut avoir de la valeur » ; « s'impliquer est un piège » ; « je n'ai pas le droit d'avoir ce que je veux ».

4. Ennéagramme et gestion des émotions

Avant d'évoquer les relations qui lient chaque base de l'ennéagramme avec tel ou tel type d'émotion, nous allons rappeler quelques éléments du cheminement entre le niveau de stockage des expériences et la structure du langage, tels que les a mis en évidence le linguiste américain Noam Chomsky et, à sa suite, les créateurs de la PNL. On distingue trois niveaux de structures :

- Au niveau le plus profond et le plus inconscient, le **niveau des représentations** contient toutes les expériences vécues, stockées sous forme de représentations visuelles (des images), auditives (des bruits, des phrases, des musiques) et kinesthésiques (des mouvements, des odeurs, des goûts, des sensations et des émotions). Ces expériences sont incommunicables, en l'état.
- Au niveau intermédiaire, la **structure profonde** tente d'exprimer, avec tous les moyens du langage, mais avec moins de richesse et de nombreuses imperfections, une approche des expériences du niveau précédent. En somme, ce niveau essaie de coder les expériences rappelées, en un langage communicable.
- Au niveau supérieur, la **structure de surface** véhicule le langage avec des mots précis et des mots imprécis comme les nominalisations et les verbes non significatifs.

En somme, le langage, si élaboré soit-il, n'est qu'un commentaire concernant notre modèle du monde. C'est pourquoi, la PNL désigne le langage sous le nom de *métamodèle*.

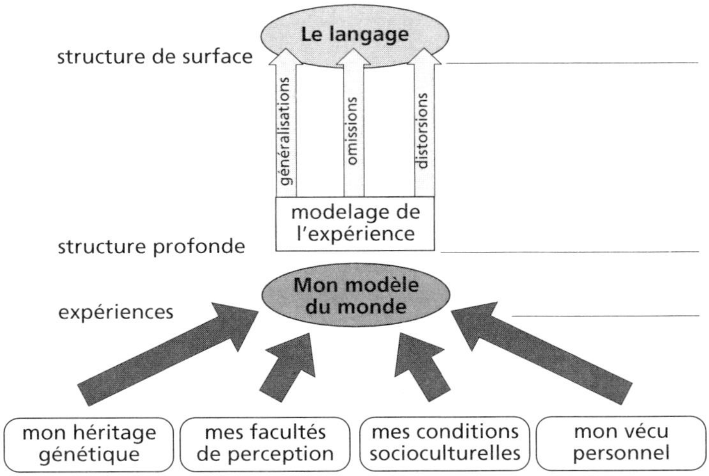

Base UN

Les émotions sont dangereuses parce qu'elles sont incontrôlables. Pour rester maître de la situation, il n'y a qu'une solution : saturer les capteurs et les circuits avec du dialogue interne et ainsi bloquer la perception kinesthésique ou la remontée des émotions depuis le niveau des représentations. Au moins, le langage, lui, n'est pas sensoriel !

L'émotion la plus difficile à vivre pour un UN et qu'il a du mal à bloquer totalement est la honte.

Base DEUX

Pour cette base, toutes les émotions sont les bienvenues car elles sont tout simplement la vie. Toutes sauf une seule : se sentir rejeté et seul.

Base TROIS

Pour continuer à agir, les TROIS saturent les circuits internes en donnant la barre au secteur des *comportements externes (CE)*. Ainsi, dans l'action – et Dieu sait combien ils savent s'y noyer –, ils n'éprouvent aucune émotion. Ils ne ressentent aucune fatigue, aucune alerte. Aucun scrupule non plus. C'est l'action pour l'action. Jusqu'à s'y perdre. Simplement une agréable sensation de réussite *après* l'action.

La seule émotion ressentie – et très difficile à vivre puisqu'elle empêche d'agir –, est l'impuissance, c'est-à-dire la certitude qu'il n'y a vraiment plus rien à faire.

Base QUATRE

Dans cette base sont valorisées toutes les émotions à haute intensité. Qu'elles soient positives ou négatives. D'ailleurs, elles peuvent changer à tout moment : il n'y a aucun rhéostat pour en faire varier l'intensité au gré du propriétaire des lieux. Cela explique les difficultés qu'ont un certain nombre de UN à visiter leur flèche en QUATRE qui, sur le plan des émotions, est l'enfer !

Les émotions les plus difficiles à vivre pour un QUATRE : ne pas avoir d'émotion ou n'avoir que des émotions tièdes, banales, ordinaires. La monotonie, par exemple, manque à la fois de variété et d'intensité.

Base CINQ

Les émotions sont gênantes parce qu'elles empêchent de penser. Elles sont soigneusement mises de côté pour être examinées au calme et en solitaire... plus tard. Comment font les CINQ ? Ils mobilisent le secteur des *processus internes (PI)* : ils saturent les circuits avec du dialogue interne, puis visualisent de manière dissociée – ce qui coupe l'émotion –, enfin ils font appel au programme *se déplacer dans le temps (through time),* pour prendre le recul indispensable.

L'émotion la plus difficile à vivre pour un CINQ : se sentir envahi, au point de ne plus pouvoir penser !

Base SIX

Les émotions sont, en général, gênantes parce qu'elles sont imprévisibles. Un SIX fait un peu l'amalgame entre émotions et processus internes. Aussi va-t-il se ruer au travail (comportements externes) pour éviter de penser. Il se retrouve alors en base TROIS.

Les émotions les plus difficiles à vivre pour un SIX : se sentir comme paralysé devant une situation imprévisible, avoir perdu ses repères, avoir été trahi ou non défendu par quelqu'un en qui il se fiait.

Base SEPT

Toutes les émotions, mais surtout celles qui sont désagréables, ralentissent le tempo et coincent. Elles sont donc à éviter. Si ce n'est pas possible, alors les SEPT les transforment. Comment le font-ils ? Ils mettent en route le programme *implication active*, se font une image dissociée de la situation dans le futur, en abandonnant l'émotion dans le passé, puis modifie celle-ci. Rappelons que la peur (partagée par la triade CINQ, SIX et SEPT) est totalement niée.

L'émotion la plus difficile à vivre pour un SEPT : se sentir enfermé, coincé.

Base HUIT

Il faut se méfier des émotions, parce qu'elles ne sont pas totalement sous maîtrise, sauf la colère qui est une émotion à part. C'est un mode d'expression courant, qui n'admet aucune faiblesse. Aussi, un HUIT a-t-il, la plupart du temps, un grand contrôle de sa colère. Du moins jusqu'à un certain seuil. Au delà, il est perdu... comme les autres. Il lui arrive donc de se méfier de trop grands accès de colère.

Les émotions les plus difficiles à vivre pour un HUIT : se sentir tendre, faible, du moins à ses yeux. Ou encore incertain, hésitant, indécis, toujours à ses yeux (ce qu'en pensent les autres ne le préoccupe pas vraiment).

Base NEUF

La colère sous-jacente à son fonctionnement *corps* pousse un NEUF à prendre position. Mais, ce n'est pas possible, à cause de sa grande contagion émotionnelle. « Si je ressens tout ce que ressent l'autre, cela va m'obliger à prendre parti pour lui. Je vais me retrouver à sa place, impliqué, coincé ! » Alors, le NEUF se lance à corps perdu dans des activités, utiles ou non, pour neutraliser le secteur des *états internes (EI)*.

L'émotion la plus difficile à vivre pour un NEUF : se sentir impliqué contre quelqu'un ou être obligé de choisir entre deux personnes. Des personnes qui se disputent ou s'agressent, même s'il n'est pas concerné, le mettent mal à l'aise, y compris dans un film dont il est spectateur.

Partie 4
Les utilisations pratiques

« Le semeur sort pour semer sa semence. Il la sème.
Il en tombe le long de la route, qui est piétinée ; et les oiseaux du ciel la mangent.
L'autre tombe sur le roc, pousse et se dessèche, parce qu'elle n'a pas d'humidité.
L'autre tombe au milieu des épines ; les épines poussent avec et l'étouffent.
L'autre tombe dans la bonne terre ; elle pousse et fait du fruit : le centuple !
En disant cela il crie : "Qui a des oreilles pour entendre entende !" »
Luc, 8 5-8, traduction d'André Chouraqui

Dans les parties précédentes, vous avez fait connaissance avec des outils et des méthodes remarquables. J'espère que vous avez déjà utilisé chacun d'eux pour vous connaître davantage. En prenant conscience de vos propres processus mentaux, en augmentant votre flexibilité, en utilisant d'autres comportements, vous vous donnez un atout de taille pour mieux vivre vos relations et manager l'environnement turbulent que nous connaissons actuellement.

Plus vous serez capable de :

– comprendre et d'utiliser les possibilités de votre cerveau,
– vous servir à bon escient des métaprogrammes,
– reconnaître les messages que vous communiquent vos émotions,
– évoluer à partir de votre base d'ennéagramme,

plus vous aurez de chances d'être heureux(se) en affaires, en famille, avec vos amis. Plus vous y aurez votre place et y serez apprécié(e) et efficace.

Cependant, ces outils n'ont pas été créés pour votre usage exclusif. Ils peuvent, à votre gré, servir à aider votre supérieur, vos collègues et vos collaborateurs, votre famille, vos amis. À les aider ou... les manipuler. C'est vous qui choisissez. Mais le seul jeu, le seul combat, la seule compétition qui vaille – à terme –, c'est un jeu, un combat, une compétition *gagnant/gagnant*, ou *« cinquante/cinquante »*, comme disent les Anglais. Où chacun trouve sa part, comme dans un univers en expansion, une part développée au centuple.

Si vous comprenez les processus émotionnels et mentaux des personnes avec lesquelles vous travaillez ou vous vivez, vos collègues de travail, votre conjoint(e), vos parents et vos enfants, vos amis, vous détiendrez un atout maître. Vos chances d'avoir d'excellentes relations et de constituer une bonne équipe ou une famille aimante, seront multipliées par dix, cent, mille.

Soyez un éveilleur, c'est-à-dire un homme, une femme de contacts. Un homme, une femme qui sache traiter et présenter l'information selon :
– les préférences cérébrales de chacun,
– les programmes préférentiels de son interlocuteur,
– la typologie de l'ennéagramme de l'autre.

Apprenez à animer le groupe de vos collaborateurs en comprenant bien comment se répartissent, dans votre équipe, la gestion des émotions, les métaprogrammes et les typologies complexes de l'ennéagramme. Développez votre flexibilité pour comprendre et utiliser le langage de votre patron, celui de chacun de vos équipiers, celui de vos proches.

Apprenez aussi à utiliser avec votre supérieur hiérarchique et vos collaborateurs, un autre langage que celui des comptes d'exploitation. De même que le champion de tennis regarde la balle plutôt que le tableau d'affichage, de même soyez davantage préoccupé par la motivation de chacun de vos collaborateurs et la bonne entente de l'équipe qu'ils forment malgré ou, plutôt, grâce à leur complémentarité, plutôt que par la beauté abstraite des lignes et des colonnes de chiffres. Les résultats, comme chacun sait mais l'oublie parfois, sont très importants, mais ils ne sont que des conséquences. Des conséquences qui ne sont jamais fortuites.

Chapitre 12
Trouvez les programmes de vos interlocuteurs et aidez-les à évoluer

« La plupart des individus sont prêts à se transformer à l'aide d'antibiotiques et de cosmétiques, mais pour ce qui est du comportement, c'est autre chose... J'ai remarqué que beaucoup de personnes sont capables de mettre leurs mari, femme ou enfants – ou même de parfaits inconnus – mal à l'aise, en étant simplement "elles-mêmes". Parfois, je demande aux gens : "Pourquoi être votre véritable moi alors que vous pouvez être quelque chose de vraiment valable ?" Je voudrais vous présenter quelques-unes des nombreuses possibilités d'apprendre et de changer qui sont à votre portée, si vous commencez à utiliser délibérément votre cerveau. »
Richard Bandler, *Un cerveau pour changer*

Trouver la typologie d'ennéagramme d'une personne, constituée de la base, des deux directions et du contact, est difficile et les risques de se tromper sont importants. Le contraire serait d'ailleurs étonnant : l'homme, la femme sont-ils de nature si simple qu'il soit aisé de les bien connaître ? Dans la démarche qui fait l'objet de cette quatrième partie, nous proposons une découverte pas à pas. Nous utiliserons d'abord une approche analytique de reconnaissance des métaprogrammes de notre interlocuteur. Lorsque nous aurons établi la carte de ses programmes et que nous saurons l'aider à évoluer, alors seulement nous chercherons sa base d'ennéagramme et son contact. Enfin, nous examinerons s'il visite – de manière intensive ou plutôt légère – chacune de ses directions.

1. Dressez la carte des programmes préférentiels de vos interlocuteurs

Les métaprogrammes sont nombreux. Il est donc difficile de tout mémoriser. Mais, vous pouvez dresser une liste écrite de tous les programmes utilisés par chacun de vos proches ou retenir seulement les plus caractéristiques. C'est un excellent exercice qui vous donnera une photographie intéressante pour comprendre ceux que vous côtoyez. Vous pouvez :

- soit ranger l'album de ces photographies dans votre tête, si vous pratiquez bien votre *cerveau droit* et si vous avez une excellente mémoire,
- soit dresser des fiches sur le modèle de la carte des métaprogrammes de ce chapitre, si vous avez plutôt développé votre *cerveau gauche*.

Dans un deuxième temps, vous pourrez aider ceux qui vous le demandent à modifier les éléments les plus coinçants de quelques-uns de leurs programmes afin qu'ils acquièrent plus de flexibilité.

Pour cela, photocopiez la carte des métaprogrammes de la page 152, et remplissez chaque photocopie progressivement. Cela peut demander un peu de temps : il y a quatorze types de programme, si l'on inclut le fonctionnement préférentiel tête, cœur, corps, les critères et les croyances. Vous trouverez ci-après des questions adaptées pour détecter les métaprogrammes de votre interlocuteur. N'oubliez pas qu'il vous faut établir et garder un *excellent rapport* et qu'il faut de sa part une grande confiance en vous pour répondre à ces questions qui sont loin d'être anodines.

1. Les tris primaires

- « Comment s'est passé votre journée, votre soirée, votre week-end chez les Dupont ? »
- « Comment avez-vous choisi vos dernières vacances ? »
- « Comment avez-vous choisi le métier que vous exercez en ce moment ? »
- « Comment choisissez-vous habituellement un restaurant, un film, un nouveau sport, un nouveau job ? »

2. Les registres sensoriels

Écoutez bien les mots utilisés. Il est fréquent que les visuels *voient bien* ce que vous leur dites, alors que les kinesthésiques le *ressentent*. Voici d'autres clés pour repérer le registre préférentiel de votre interlocuteur.

• *Des caractéristiques physiologiques fréquentes :*

	Visuel	Auditif	Kinesthésique
Port de la tête	tête droite, nuque étirée	tête inclinée de côté	tête plantée sur les épaules, souvent baissée
Respiration	rapide, par le haut des poumons	au niveau du diaphragme	lente et profonde, abdominale
Mains et bras	bras assez tendus et mains ouvertes, verticales	bras repliés ou croisés, mains plus fermées	souvent paumes vers le haut, bras semi-fléchis
Gestes	souvent tranchants, au niveau des épaules, souvent l'index pointé	gestes ronds, autour de l'oreille	amples, souvent à hauteur de l'abdomen
Tempo de la voix	rapide, par salves	tempo intermédiaire	lent, longues pauses
Tonalité de la voix	haute, tendue	claire, qui résonne	grave, profonde

• *Les mouvements des yeux* : vous êtes-vous déjà rendu compte que votre interlocuteur, tout en vous parlant, dirige ses yeux vers le haut ou le bas, vers la droite ou vers la gauche. Regardez bien, ces mouvements ont un sens. Celui-ci a été découvert par Richard Bandler et John Grinder, les deux créateurs de la PNL.

Si votre interlocuteur, en face de vous, dirige les yeux vers le haut, c'est pour fixer les images qu'il se fait dans la tête et, pour la plupart des personnes, à votre gauche pour se remémorer une image, à votre droite pour en construire une. S'il dirige le regard à l'horizontale, vers votre gauche, il se rappelle des sons, des bruits, des voix, de la musique. À votre droite, il s'en crée. Enfin, s'il dirige les yeux vers le bas, vers votre gauche, il ressent des sensations, des émotions, vers votre droite, il se parle à lui-même. On dit qu'il est *en dialogue interne*. Vers quelle direction votre interlocuteur dirige-t-il le plus souvent les yeux ?

– En haut ? Il a sans doute une dominante visuelle.
– À l'horizontale, à droite ou à gauche ? Sa dominante est vraisemblablement auditive.
– En bas et à votre gauche ? Il a probablement une préférence pour le registre kinesthésique.

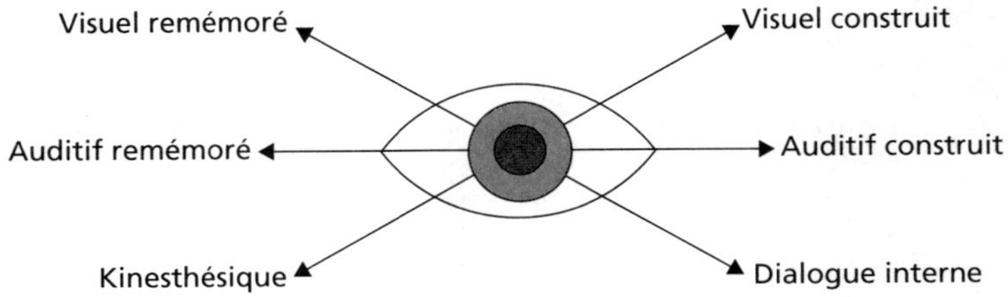

Observez bien votre interlocuteur

3. La taille de découpage habituelle

Il suffit de bien écouter ce que dit votre interlocuteur. Si vous avez des doutes, poussez-le à découper plus petit (« - Attendez... Vous allez un peu vite pour moi... ») ou plus grand (« - Bref... » ou « - En somme... ») et écoutez ce que cela donne dans la durée.

4. Comment réagit-il le plus souvent ? En s'identifiant ou en se différenciant ? Match ou mismatch ?

– « Quelles relations y a-t-il, pour vous, entre votre travail actuel et celui que vous envisagez ou celui que vous faisiez avant, entre le sport que vous pratiquez maintenant et le précédent ? »
– « Comment savez-vous que vous avez appris quelque chose ? »

5. 6. et 7. Comment utilise-t-il le temps ?

Le plus souvent, chacun de nous utilise le temps de façon très inconsciente. Aussi est-il difficile d'obtenir des réponses fiables en demandant directement à votre interlocuteur : « pensez-vous plus souvent au passé, au présent ou au futur ? » Vous risquez d'avoir une réponse du genre : « si vous croyez que je compte ! » Il vaut mieux bien écouter vous-même. Au cours de la conversation, votre interlocuteur fait-il appel le plus souvent et spontanément à des anecdotes de son passé, raconte-t-il davantage ce qu'il vit actuellement ou envisage-t-il fréquemment l'avenir ?

Compare-t-il souvent son passé et son présent ou revit-il les émotions de l'instant ? Une expression spontanée telle que : « Ah ! Quand je pense à ma première rencontre amoureuse, j'en suis encore très émue ! », signe un vécu de l'instant, orienté vers le passé.

Procédez de même pour le programme de subordination du temps. Qu'est-ce qui semble le plus important pour lui ? Privilégie-t-il le passé au présent, le futur au présent ?

8. Comment s'oriente-t-il le plus souvent ? Vers ou loin ?

- « Comment faites-vous pour vous motiver ? »
- « Comment organisez-vous votre temps ? » (donne aussi les programmes liés au temps)

9. Comment s'implique-t-il ? Est-il plus souvent actif ou réceptif ?

Écoutez bien le contenu. Votre interlocuteur agit-il, le plus souvent, sur son environnement ? Est-il au contraire en réaction contre celui-ci ou le subit-il ?

10. Quel est son cadre de référence habituel ? Interne ou externe ?

- « Comment savez-vous que vous êtes compétent en... ? »
- « Comment savez-vous que vous avez réussi ? »
- « Qu'avez-vous fait pour augmenter vos chances dans cette négociation ? »

11. Quels sont ses opérateurs modaux fréquents ?

Écoutez et notez les opérateurs modaux utilisés spontanément par votre interlocuteur, tout au long de l'interview. Deux questions peuvent vous aider :
- « Comment atteignez-vous vos objectifs ? »
- « Comment franchissez-vous les obstacles ? »

12. Quel est son centre énergétique préférentiel ? Tête, cœur ou corps ?

Il s'agit d'un programme de fonctionnement global. Pour le détecter, la seule procédure consiste à bien écouter, à se faire une idée en cours d'entretien et à tester cette hypothèse pour la confirmer ou la changer à la fin de l'entretien.

Est-ce quelqu'un de plutôt froid, qui prend du recul pour réfléchir, qui mouline avant de décider, qui paraît animer d'une certaine méfiance ou même d'une certaine peur ? Vous pouvez penser qu'il privilégie le fonctionnement *tête* ;

Est-ce plutôt quelqu'un qui a besoin d'être en relation, quelqu'un dont le cadre de référence est externe, qui éprouve systématiquement la nécessité de confronter ses idées avec celles des personnes de son entourage ? Vous pouvez alors faire l'hypothèse qu'il privilégie le fonctionnement *cœur.*

Est-ce une personne plutôt impulsive, qui réagit au quart de tour, contre les autres ou contre elle-même ou, au contraire, qui vous paraît avoir un tempo très lent et un grand souci de ménager tout le monde ? Sans doute donne-t-il la préférence au fonctionnement *corps.*

Vous pouvez aussi poser des questions comme celles-ci :

– « Est-ce important, pour vous, de prendre l'avis d'autres personnes ? »
– « Avez-vous souvent un peu de mal à vous décider ou, au contraire, êtes-vous plutôt spontané et décidez-vous très vite ? »
– « Est-ce que cela a le don de vous mettre en colère ? »

13. et 14. Critères et croyances

La découverte est plus difficile, le niveau d'accès étant inconscient. Il est nécessaire de poser des questions. Celles-ci commenceront, le plus souvent, par : « Pourquoi est-ce important pour vous de... ? » ou « Est-ce plus important, pour vous, que... ? » Une procédure de recherche des croyances est donnée dans un encadré du chapitre 4 page 51.

Voici une liste-type de critères destinée à votre interlocuteur. Il peut en ajouter d'autres qui lui semblent plus pertinents ou en modifier le libellé. Faites-lui cocher les dix critères qui le concernent le plus. Puis, demandez-lui de procéder au classement de son *top ten,* dans l'ordre d'importance, pour lui.

Liste-type de critères	
Agir	Être original(e)
Aider les autres	Être recherché(e) comme médiateur(trice)
Apprendre jusqu'au dernier jour	Être reconnu(e)
Atteindre la perfection	Être respecté(e)
Avoir beaucoup d'amis	Être riche
Avoir de l'ambition	Être un bon père (une bonne mère)
Avoir de solides qualités morales	Être utile aux autres
Avoir des choix	Être utile aux siens
Avoir du caractère	Faire de nombreuses activités
Avoir du succès	Maîtriser les personnes
Avoir du temps pour réfléchir	Maîtriser les situations
Devenir un sage	Plaire
Être admiré(e)	Pouvoir changer
Être aimé(e)	Pouvoir observer
Être compétent(e)	Pouvoir prendre du recul
Être créatif(ve)	Pouvoir réagir rapidement
Être d'une grande loyauté	Pouvoir vivre en paix
Être différent(e)	Préserver son intimité
Être digne	Respirer la joie de vivre
Être efficace	Rester curieux(se) de tout
Être en bonne forme physique	Réussir
Être en mouvement	S'entendre avec tous
Être enthousiaste	Se battre pour la justice
Être entouré(e)	Se connaître davantage soi-même
Être entouré(e) par des gens d'une grande loyauté	Séduire
Être exceptionnel(le)	Vivre en accord avec soi-même et avec ses valeurs
Être flexible	Vivre en harmonie
Être généreux(se)	Vivre en pleine sécurité
Être honnête	Vivre heureux(se)
Être indépendant(e)	Vivre longtemps
Être intègre	
Être libre	

CARTE DES MÉTAPROGRAMMES

De : ______________________

1. Tris primaires	activités ☐ personnes ☐ informations ☐ lieux ☐	**2. <VAK>**	visuel ☐ auditif ☐ kinesthésique ☐
3. Découpage	grand ☐ petit ☐	**4. Identification/différenciation**	identification ☐ différenciation ☐
5. Orientation temps	passé ☐ présent ☐ avenir ☐	**6. Subord./tps**	
7. Vit l'instant **se déplace dans le temps**	☐ ☐	**8. Orientation**	vers ☐ loin ☐
9. Implication	active ☐ réceptive ☐	**10. Cadre de référence**	interne ☐ externe ☐
11. Opérateurs modaux		**12. Centre de fonctionnement**	tête ☐ cœur ☐ corps ☐
13. Critères ou valeurs		**14. Croyances**	

Cocher la case du programme le plus utilisé ou compléter les lignes.

2. Comment aider vos interlocuteurs à assouplir certains programmes ?

Bien sûr, il est indispensable que la personne avec qui vous allez travailler souhaite évoluer. Sans demande, tout au plus feriez-vous de la manipulation. Heureusement, dans ce cas, il y a fort peu de chance que cela donne des résultats importants et durables.

Tous les programmes ne seront pas passés en revue[1]. Nous retiendrons seulement ceux qui risquent le plus de *coincer* la personne (la laisser sans choix) et ceux qu'il est plus facile d'élargir.

1. Registres sensoriels, taille de découpage, implication, opérateurs modaux, ont fait l'objet d'abondants développements dans *Agir en leader avec la programmation neurolinguistique* du même auteur, Ed. Dunod, 1993.

Les tris primaires

- Synchronisez-vous sur votre interlocuteur et guidez-le vers un autre tri en utilisant un de ses critères comme levier.
- Synchronisez-vous sur sa taille de découpage puis changez cette taille en même temps que vous changez de tri.
- Pour développer chez lui un tri personne, apprenez-lui à se focaliser sur l'autre et à prendre conscience des états internes (les émotions) de l'autre.
- Racontez les mêmes choses successivement, mais en changeant de tri. Faites prendre conscience des différences que cela crée.
- En montant un «jeu de rôle», demandez à votre interlocuteur de jouer le rôle de quelqu'un qui aurait tel tri, puis de s'entraîner à faire ainsi une dizaine de minutes tous les jours.
- Faites-lui faire des tâches qui demandent un tri différent du sien (ou des siens).

Passer d'identifier (match) à différencier (mismatch)

- Utilisez la technique de modélisation par un jeu de rôle ou construisez une métaphore.
- Donnez comme tâche de noter toutes les différences ou de contrôler tout ce qui ne va pas (par exemple en faisant relire la frappe d'un texte, en faisant contrôler un montage, une opération réalisée par un débutant, etc.).
- Demandez-lui de développer ses systèmes visuel et auditif s'il éprouve souvent de la *contagion émotionnelle* (s'il prend les émotions de ses partenaires avec une facilité déconcertante).
- Apprenez-lui à changer de point de vue, en se mettant dans la peau de son vis-à-vis, puis dans la sienne, puis à égale distance des deux, en position d'observateur impartial.
- Recherchez les objections qu'il rencontre pour différencier.
- Confiez-lui des tâches où il doit faire preuve de beaucoup de créativité.

Passer de différencier (mismatch) à identifier (match)

- Demandez-lui à votre interlocuteur de modéliser quelqu'un qu'il apprécie, au moins pour l'essentiel.
- Plus fort, dites-lui que vous le pensez incapable de modéliser quelqu'un qu'il n'apprécie pas du tout. S'il ne le fait pas, faites-

lui remarquer combien vous aviez raison. S'il le fait, demandez-lui comment il peut se mettre dans la peau d'un tel personnage !

- Confiez-lui des tâches où il doit faire preuve de beaucoup de créativité. Il faut passer alternativement de *match* à *mismatch* pour créer (on part rarement de quelque chose de complètement nouveau).
- Faites-lui travailler la synchronisation sur un interlocuteur, l'écoute active, la reformulation, etc.

Passer de « vivre l'instant » à « se déplacer dans le temps »

- Faites un *ancrage* kinesthésique de quelque chose que la personne estime vraie pour elle et constante dans le temps. Maintenez cette *ancre* et guidez votre interlocuteur dans le passé, le présent et le futur. Répétez le voyage plusieurs fois. Écoutez et recadrez les objections éventuelles (elles sont fréquentes quand on travaille sur la perception du temps).
- Faites modéliser un personnage réel ou fictif qui, étant immortel, voit se dérouler des pans entiers d'histoire à travers le temps (la technique du « jeu de rôle » est très puissante pour s'entraîner à la modélisation d'un personnage).
- Demandez à la personne d'écrire son journal.

Passer de « se déplacer dans le temps » à « vivre l'instant »

- Entraînez votre partenaire à se mettre et à rester en conscience externe et demandez-lui de détailler tout ce qu'il voit, entend et ressent dans ce qui se passe ici et maintenant.
- Faites-lui rappeler une expérience passée dont il se souvient très bien. Faites-lui revivre cette expérience. Demandez-lui de vous donner le maximum de détails visuels, auditifs et les émotions d'alors. Demandez-lui de localiser celles-ci dans son corps avec la main. Faites-lui faire la même chose avec une « expérience du futur », en le priant de « faire comme si ». Recadrez les objections.

Orientation du temps

- S'il est orienté vers le passé ou le présent, demandez-lui de se faire une image de quelque chose qu'il devrait faire dans le futur, demain, la semaine prochaine, dans un an, dans dix ans. Rendez l'image attirante en lui faisant mettre plus de lumière, des couleurs, plus de netteté, etc.

– Identifiez la ligne du temps de votre interlocuteur et vérifiez si la manière dont il se représente le futur lui permet d'envisager... quelque chose. Si, par exemple l'avenir est derrière lui, faites-lui ramener cette partie devant lui. Si l'avenir est sombre, demandez d'éclairer cette partie, d'y mettre des couleurs, etc.
– S'il est tourné vers le présent ou vers le futur, faites-lui rechercher des ressources dans son passé.

Changement d'orientation vers ou loin

– Jouez vous-même le rôle d'une personne qui a l'orientation que votre interlocuteur voudrait avoir plus souvent.
– Utilisez un critère de niveau élevé de la personne pour la motiver soit à aller vers, soit à s'éloigner de.
– Augmentez l'impact d'un critère en modifiant les sous-modalités. C'est une technique puissante pour que votre partenaire s'éloigne des conséquences négatives de tel comportement.

Passer du cadre de référence interne au cadre de référence externe

– Recadrez les objections.
– Construisez une métaphore, par exemple sur le prodigieux intérêt de l'apprentissage (pour apprendre, il faut nécessairement un *cadre de référence externe*)
– Faites-lui modéliser quelqu'un qu'il admire (dans le cadre d'un jeu de rôle).

Passer du cadre de référence externe au cadre de référence interne

– Demandez à votre partenaire de s'installer dans une position inconfortable, par exemple, demandez-lui de s'asseoir sur un coin de bureau ou sur un tabouret dur ou par terre, etc. Dites-lui de rester ainsi, sans bouger, pendant que vous commencez une très longue histoire (explication, démonstration, récit, etc.). Quand elle proteste, vous commencez à faire naître un cadre de référence interne. À noter que cela ne marche pas avec quelqu'un qui se différencie (*mismatch*) par polarité. Celui-ci est capable de vous opposer une réponse polaire à vous qui êtes son cadre de référence externe. C'est raté !

- Faites-lui faire un travail de recadrage de sa partie « enfant ».
- Demandez-lui comment il fait pour décider. Demandez-lui de se rappeler une expérience précise où il a dû décider quelque chose contre l'avis des personnes qu'il avait consultées. Comment a-t-il procédé, à ce moment-là ?
- Demandez-lui s'il lui arrive d'entrer à l'intérieur de lui-même (en *conscience interne*). Dans quel système de référence entre-t-il ? Calibrez-le. Que se passe-t-il ?
- Demandez-lui de retrouver une expérience où quelqu'un qu'il admire l'a trouvé très bon et lui en a fait compliment. Comment fait-il pour le croire ? Ou ne pas le croire ? Est-il plus sûr de lui que de la personne qu'il admire ?

Chapitre 13
Trouvez la configuration d'ennéagramme de vos interlocuteurs et la vôtre

« Tu ne peux connaître un homme si tu n'as pas, durant sept lunes, marché dans ses bottines. »
Proverbe indien

Les choses se présentent différemment selon que vous êtes en présence :

– de la personne qui, curieuse de connaître sa typologie, est toute disposée à collaborer et prête à répondre à toutes vos questions, quelles qu'elles soient ;
– d'une biographie ou d'une interview qui donne des éléments suffisants (souvenirs de l'enfance, carrière et motivations, recherches des valeurs, etc.) ;
– d'une personne dont vous recherchez la typologie à son insu ou, du moins, qui ne manifeste aucune disposition particulièrement favorable (par exemple votre supérieur hiérarchique, un collègue, un ami).

Il va de soi que la difficulté est croissante selon les contextes envisagés ci-dessus. Nous débuterons nos recherches en partant du deuxième contexte. Nous avons à analyser le texte d'une interview. Il s'agit donc d'un écrit élaboré à partir d'un entretien oral plus ou moins remanié, sans que nous ayons, nous-mêmes, la possibilité de poser la moindre question.

Quels éléments peuvent nous servir ? En général, nous disposons :
1. De tout ou partie des métaprogrammes.
2. De quelques critères ou valeurs exprimés au long de l'interview.
3. D'éléments de gestion des émotions.
4. Éventuellement, de la perception qu'a la personne de son enfance, si l'intervieweur a orienté son vis-à-vis dans ce contexte, et c'est souvent le cas.

Nous allons d'abord travailler à partir d'un exemple.

1. Recherche à partir du texte d'une interview

Nous analyserons des extraits du livre écrit par François Mitterrand et Elie Wiesel, *Mémoire à deux voix*[1]. Il s'agit de la mise en forme par François Mitterrand d'une interview réciproque des deux auteurs : François Mitterrand, vers la fin de son deuxième mandat de sept ans comme président de la République française et Elie Wiesel, écrivain, prix Nobel de la Paix. Nous nous donnons pour tâche de tenter de découvrir la configuration d'ennéagramme de François Mitterrand. Les extraits que nous analyserons font l'objet des pages 159 à 161 suivantes. Le texte est annoté de numéros de lignes pour retrouver plus facilement les indications dégagées.

Important

Il arrive qu'à la lecture d'extraits de biographie ou d'interview, nous fassions très vite des hypothèses sur la base d'ennéagramme de la personne interviewée. C'est légitime. Mais, cela peut conduire à une distorsion à laquelle il est difficile d'échapper : celle de faire *coller* les éléments rencontrés à l'hypothèse faite a priori. Par exemple, il n'y a vraiment rien qui puisse être assimilé à un *tri personne* dans le texte. L'interviewé parle des gens de son entourage, de sa famille, mais sans connotations affectives évidentes. C'est dommage : s'il y en avait un tant soit peu, cela conforterait bien l'hypothèse faite d'une base en DEUX. Alors, la tentation est grande d'assimiler le *tri information* à un léger *tri personne* !

1. Ed. Odile Jacob, 1995.

Procédure

Se refuser à toute hypothèse de classement en cours de lecture.
En revanche :

1. Noter tous les éléments de métaprogramme incontestable rencontrés.
2. Noter les critères rencontrés – attention les mots sont des étiquettes.
3. À partir de ces éléments, éliminer les bases qui ne peuvent convenir et commencer à faire des hypothèses de *configurations globales* avec la base, les deux directions et le contact. Que reste-t-il ?
4. Examiner chaque hypothèse globale à la lumière des autres éléments tels que la gestion des émotions et la perception de l'enfance.

Il se peut que les éléments donnés par l'interview ne suffisent pas : **il est préférable de rester dans l'incertitude que d'affirmer des hypothèses fausses**.

Extraits de Mémoire à deux voix *de François Mitterrand et Elie Wiesel*

François Mitterrand - ... Mon enfance, qui fut heureuse, a illuminé ma vie. Mes parents étaient attentifs et libres. Ils ne pesaient pas sur moi. Ils ne faisaient pas preuve à mon égard d'une autorité aveugle. Mais ils m'inculquèrent une discipline de vie. Nous étions une famille nombreuse : huit enfants, plus deux cousins germains, tous élevés ensemble. Je n'étais pas perdu dans une caravane bruyante. Je pouvais, car j'en avais le goût, conquérir mes moments de solitude...

En 1923, j'avais sept ans, je vivais plus d'espoir que de regret ou de douleur. Bref, danger majeur, j'aurais pu être angélique ! Mais à neuf ans, je suis entré au collège à Angoulême, ne revenant chez moi qu'une fois par trimestre. Levé à six heures, il fallait, l'hiver, vivre dans le froid. Tout m'intéressait au collège. J'avais, certes, la perception du déchirement, mais pas de problème d'existence. J'évoluais dans un monde inchangé...

Si, dans ma vie, j'ai eu quelques idées, elles n'ont pas été aussi fortes que celles que j'avais à quinze ans. À travers mon microcosme, je voyais l'univers. Sans connaître le monde, je le dominais. De cela j'ai tiré, sans savoir laquelle elle serait, une ambition de conquête dont le moyen n'était pas fixé dans mon esprit.

J'ai vécu beaucoup avec mes grands-parents maternels. Quant à mes parents, ils venaient me voir de temps à autre au collège et nous nous retrouvions pendant les vacances.

Elie Wiesel - Aviez-vous l'impression qu'ils vous négligeaient ? Qu'ils vous abandonnaient ?

François Mitterrand - Mais non ! Je voyais simplement qu'ils étaient occupés à travailler et à élever les autres enfants...

Elie Wiesel - Enfant, vous n'aviez pas d'amis et vous voyiez peu vos parents. Alors, à qui confiiez-vous vos chagrins?

François Mitterrand - À personne. Je marchais dans la campagne. Je montais au grenier de la maison. Je regardais les paysages. Je haranguais intérieurement un peuple invisible. Je m'en souviens très précisément. Le paysage autour de Touvent m'inspirait et, comme je lisais beaucoup à cette époque les orateurs de la Révolution, ceux de 1789 comme ceux de 1848, sans doute cela m'exaltait-il. De là, de ce grenier jonché de gousses de maïs, par la petite fenêtre qui donnait sur le jardin, je lançais des appels à l'Histoire dont je modifiais le cours selon mes préférences.

Elie Wiesel - ... Qu'est-ce qui vous faisait souffrir ?

François Mitterrand - L'injustice, la partialité. Je souffrais d'être incompris. J'étais susceptible, sensible aux critiques. Par exemple, j'étais distrait. Mais quand on me disait que j'étais «dans la lune», expression courante chez moi, je me fâchais. On vexait mon amour-propre. J'étais ambitieux aussi. Quand j'étais étudiant à Paris, je rêvais d'aventures. Je ne pensais pas à la politique, mais, d'une certaine manière, je me voyais en homme de pouvoir. Paradoxalement, j'étais aussi tenté par une vie discrète, consacrée à l'étude. Mes désirs s'entrecroisaient. J'aspirais à faire comme les écrivains de l'époque. J'aimais la parole, le verbe, quel qu'en fût le mode d'expression. Pourtant, je n'étais pas bavard. On disait de moi que j'étais renfermé, que j'avais du mal à communiquer avec les autres. En fait, je n'ai jamais eu tendance à me confier. Si on ironisait sur ma façon d'être, cela me touchait. Une situation d'injustice, au collège, me bouleversait. J'avais l'imagination destructrice. Je suis peu rancunier, mais j'ai vécu des années avec cette brûlure...

Elie Wiesel : Étiez-vous un enfant espiègle ?

François Mitterrand : Non, pas du tout. J'étais un enfant très calme, très silencieux, plus moqueur qu'espiègle - d'autres diraient taquin. Mais d'une façon générale, non, je n'étais pas un enfant particulièrement rieur ou gai.

Elie Wiesel : Rêveur ?

François Mitterrand : Oui. Dans une famille nombreuse, il faut se ménager des zones de solitude.

Elie Wiesel : Et comment meubliez-vous ces zones de solitude ?

François Mitterrand : Par la lecture ou la contemplation des heures du jour et de la nuit. J'étais attentif à ce qu'apporte la lumière et à ce qu'elle retire. Elle suffit, la lumière, à elle seule, à donner au théâtre de l'enfance les aspects les plus différents. Rien que la marche des ombres sur un mur, c'est toute une histoire...

Elie Wiesel : ... Pouvez-vous me dire à quel moment on devient un adolescent ?

François Mitterrand : Cela dépend. Mais je dois dire qu'à quatorze ans, la vente de la propriété de mes grands-parents, l'expérience de la mort, l'entrée en seconde ont été pour moi une réelle secousse, marquant la fin

de mon enfance. Mon milieu familial si uni, je croyais qu'il durerait toujours. Mais il s'est détruit très vite : en l'espace de six ans, j'ai perdu ma grand-mère, ma mère et mon grand-père. Jamais je n'ai renié mon enfance... Je n'ai rompu avec rien mais un changement profond est intervenu quand je suis passé de mon collège d'Angoulême à la vie d'étudiant en droit et en sciences politiques à Paris. En entrant dans ma petite chambre laide, étroite, je n'ai pas pensé : « À moi, Paris. » Je me suis senti perdu, tout petit au bas d'une montagne à gravir. J'étais sans identité. [...]

Quand ma grand-mère est morte, je suis resté pétrifié, assis dans un fauteuil, à m'emplir les yeux pendant des heures. J'aurais eu l'impression de trahir si je m'en étais allé. La mort n'est pas la séparation d'un instant. Je n'ai donc pas quitté des yeux ma grand-mère jusqu'à la mise en cercueil...

Elie Wiesel : Avez-vous pleuré ?

François Mitterrand : J'ai toujours eu de la peine à exprimer mon chagrin, surtout en public. [...]

François Mitterrand : ... Je ne supporte pas l'injustice. Je suis très imparfait, mais de cela j'ai une conscience claire.

Elie Wiesel : Finalement, ce qui reste d'un homme, n'est-ce pas le combat qu'il a mené contre l'injustice ?

François Mitterrand : C'est assurément l'un des plus beaux combats. Il a justifié mon choix politique et je continue à penser que j'ai eu raison. À ce sentiment d'injustice qui me poussait à agir s'est ajoutée, au fil du temps, une volonté d'explication. Car le sentiment d'injustice ne suffit pas pour combattre l'injustice. Organiser la société en corrigeant ses injustices exige une démarche quasiment scientifique, une analyse de la société...

Elie Wiesel : Avez-vous déjà été injuste envers une personne ?

François Mitterrand : Oui, sans doute. J'ai dû commettre des injustices, mais jamais je ne l'ai fait consciemment... Il m'est sans doute arrivé d'humilier des gens ; ils me pardonneront lorsqu'ils comprendront que je ne l'ai pas voulu. Quoi qu'il en soit, humilier implique un manque de contrôle de soi, un manque d'éducation.

Analyse des extraits[1]

Appliquons ce qui est suggéré dans l'encadré de la page 159.

A/ Les métaprogrammes exprimés

1. Les tris primaires :

- *tri information* : cf. 1 à 18, par exemple.
- pas de *tri personne* évident, au contraire, cf. *à personne* (28). Peut-être une exception au moment de la mort de la grand-mère. Mais qui, dans de telles circonstances, ne focaliserait pas sur la personne ?
- *tri activités* : *je marchais, je montais, je regardais, je haranguais, je lançais des appels* (28 à 34), limites entre *comportements externes* et *tri activités*, puis, *ce sentiment d'injustice qui me poussait à agir* (92).
- pas de *tri lieu* évident malgré un attachement affectif aux paysages de Touvent.

---

1. Les nombre, entre parenthèses ou non, renvoient aux numéros de lignes.

2. **<VAK> :** difficile à déterminer avec de l'écrit, sans doute dominante kinesthésique.
- termes visuels : *illuminé* (1), *autorité aveugle* (3), *je voyais l'univers* (15), *ils venaient me voir* (20), *je voyais que* (24), *je regardais les paysages* (29), *peuple invisible* (30), etc.
- termes kinesthésiques : *pesaient* (2), *je vivais plus d'espoirs* (8), *vivre dans le froid* (11), *perception du déchirement* (12), *sans doute cela m'exaltait-il* (33), etc.

3. **Taille de découpage variable** : de vaste, comme pour la description de l'enfance à grands traits (1 à 25) à plus petite, comme pour la solitude dans le grenier (28 à 35).
4. **Identification/Différenciation :** examinons les réponses aux questions d'Elie Wiesel. On trouve : identification (37, 58, 61, 90, 97), différenciation par polarité (24, 28, 53), taille de découpage (68), métacommentaire (84). En somme une grande flexibilité par rapport à ce programme.

5. 6. et 7. : programmes liés au temps
- *Se déplacer dans le temps ou vivre l'instant présent* : des alternances très nombreuses de déplacement dans le temps (1, 14 à 21, 50 et 51, 68 à 88, 90 à 93) et de vécu de l'instant (6, 8 à 13, 24 et 25, 28 à 35, 37 à 50, 53 à 56, 61 à 65, 79 à 82).
- *Orientation dans le temps* : la plupart des choses relatées sont des événements du passé. C'est normal pour une biographie. Cependant, dans les moments de vécu, dans ce passé, on trouve des éléments d'orientation vers le futur : *je vivais plus d'espoir* (8), *de cela, j'ai tiré une ambition de conquête* (17), *je rêvais d'aventures* (41).
- *Subordination du temps* : futur > présent ou passé : *je vivais plus d'espoir que de regret ou de douleur* (8), *ils me pardonneront lorsqu'ils comprendront que je ne l'ai pas voulu* (99).

8. **Orientation :** beaucoup plus *orienté vers* que loin :
- *vers* : *je vivais plus d'espoirs* (8), *tout m'intéressait* (11), *une ambition de conquête* (17), *je lançais des appels* (34), *je rêvais d'aventures* (41), *je me voyais en homme de pouvoir* (42), *j'étais tenté par une vie discrète* (43), *j'aspirais à faire* (44), etc.
- *loin* : *j'avais certes la perception du déchirement* (12).

9. **Implication :** plus *active* que réceptive, mais on trouve les deux :
- *active* : *je pouvais conquérir mes moments de solitude* (7), *sans connaître le monde, je le dominais* (16), *j'ai tiré une ambition de conquête* (17), tout le paragraphe (28 à 35), etc.
- *réceptive* : *je regardais les paysages* (29), *le paysage autour de Touvent m'inspirait* (31), *je souffrais d'être incompris* (37), *la contemplation des heures du jour et de la nuit* (61), *je me suis senti perdu* (77), *je suis resté pétrifié* (79), etc.

10. **Cadre de référence interne :** *mon enfance a illuminé* (1), *ils ne pesaient pas sur moi* (2), *ils ne faisaient pas preuve à mon égard* (3), *je pouvais conquérir* (6), *je vivais plus d'espoir* (8), *il fallait vivre dans le froid* (11), *j'avais la perception, j'évoluais, je voyais l'univers, je voyais qu'ils étaient occupés, je marchais, je montais, je regardais,* etc.

Un seul passage au cadre de référence externe : *J'étais sans identité* (78).

11. Opérateurs modaux : il y en a assez peu. Notons : *je pouvais* (6), *j'aurais pu être angélique* (9), *il fallait vivre* (11), *il faut se ménager* (58).

12. Centre de fonctionnement : sans doute plutôt *tête* et un peu *corps*.

B/ Les critères exprimés

- *Curiosité, désirs, rêverie* : *tout m'intéressait au collège* (12), *à travers mon microcosme, je voyais l'univers* (15), tout le paragraphe 28 à 35, tout le paragraphe 61 à 65, *mes désirs s'entrecroisaient* (44).
- *Rejet des émotions désagréables* : *je vivais plus d'espoir que de regret ou de douleur* (8), *à qui confiiez-vous vos chagrins ? A personne* (= je n'avais pas de chagrin Cf. 27), *Quand ma grand-mère est morte, je suis resté pétrifié...* (79 à 82), *J'ai toujours eu de la peine à exprimer mon chagrin* (84).
- *Comprendre, recherche de solitude, pas d'émotion en public* : je *pouvais conquérir mes moments de solitude* (6), *je souffrais d'être incompris* (37), *vie discrète, consacrée à l'étude* (43), *je n'ai jamais eu tendance à me confier* (48), *dans une famille nombreuse, il faut se ménager des zones de solitude* (58), *surtout en public* (85), *une volonté d'explication* (93), *une démarche quasiment scientifique* (95).
- *Maîtrise de soi, défis, imperfection* : *on vexait mon amour-propre* (40), *plus moqueur qu'espiègle - d'autres diraient taquin* (54), *Je suis très imparfait* (86), *humilier implique un manque de contrôle de soi, un manque d'éducation* (101).
- *Combat contre l'injustice, avoir raison* : *Qu'est-ce qui vous faisait souffrir ? L'injustice, la partialité* (37), *je ne supporte pas l'injustice* (86), *[le combat contre l'injustice] a justifié mon choix politique et je continue à penser que j'ai eu raison* (91), *ce sentiment d'injustice qui me poussait à agir* (92).
- *Domination, conquête, colère* : *sans connaître le monde, je le dominais* (16), *j'ai tiré une ambition de conquête* (17), *je lançais des appels à l'histoire dont je modifiais le cours selon mes préférences* (35), *je me fâchais* (40), *je me voyais en homme de pouvoir* (42).

C/ Eliminer ce qui ne peut convenir et faire des hypothèses : en ce qui concerne la base, le *cadre de référence interne*, dominant, élimine les bases NEUF, DEUX, TROIS et QUATRE. L'absence de *tri personne* et la *direction vers* éliminent la base SIX.

À ce stade, les hypothèses que nous pouvons retenir sont au nombre de quatre :

1 - base UN, directions SEPT et QUATRE.

2 - base CINQ, directions SEPT et HUIT.

3 - base SEPT, directions UN et CINQ.

4 - base HUIT, directions CINQ et DEUX.

L'absence de *tri personnes* élimine la quatrième hypothèse, avec sa direction DEUX.

Les critères rencontrés sont ceux des bases SEPT (curiosité, désirs, rêverie, rejet des émotions désagréables), CINQ (comprendre, recherche de solitude, pas d'émotion en public), UN (maîtrise de soi, défis, imperfection, combat contre l'injustice, avoir raison), et HUIT (domination, conquête, colère). Aucun ne concerne vraiment la base QUATRE (sauf, peut-être, une expression forte des émotions et une rupture dans l'enfance). Cela élimine la première hypothèse. Il en reste deux :

– base CINQ, directions SEPT et HUIT, mais les programmes liés au temps ne conviennent guère pour une telle base et quel contact ? Ni QUATRE, ni SIX ne conviennent ;
– base SEPT, directions UN et CINQ et contact en HUIT.

Les émotions sont exprimées de manière forte : *regret et douleur* (8), *la perception du déchirement* (12), *une situation d'injustice me bouleversait* (49), *je suis resté pétrifié* (79). Les émotions désagréables sont rejetées. Cela fait pencher nettement pour une base SEPT, plutôt que CINQ.

Au niveau de la perception de l'enfance, on relève des éléments propres à :
– la base SEPT : *mon enfance qui fut heureuse a illuminé ma vie. Mes parents étaient attentifs et libres* (1), *mon milieu familial si uni* (71), *jamais je n'ai renié mon enfance* (73).
– La base CINQ : recherche de la solitude, repli sur soi.

La base SEPT est prédominante. Nous la retiendrons, sous réserve de confirmation par autre chose que cette interview.

D'après cet extrait, François Mitterrand a une base SEPT, visite depuis longtemps ses directions UN et CINQ. Son contact est HUIT.

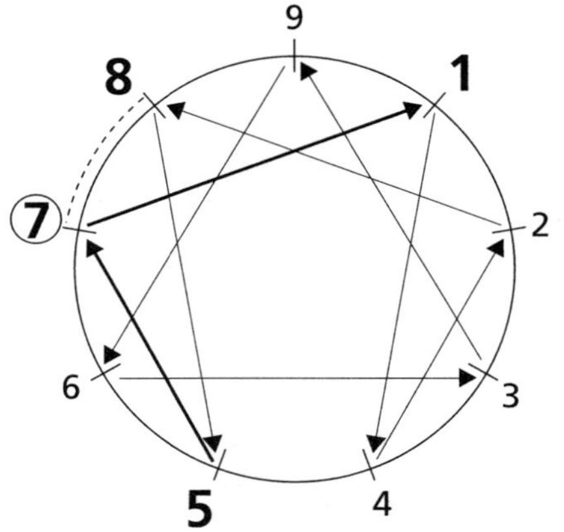

Typologie d'ennéagramme de François Miterrand

Remarque : il est fréquent qu'une interview révèle clairement le *cadre de référence* de la personne interviewée. Ce métaprogramme est très précieux pour la recherche. Il permet d'éliminer rapidement quatre ou cinq des neuf bases.

2. Recherche à l'aide des tests

Vous répondez au test de la page 20 : « quel est votre centre énergétique privilégié ? » , puis à celui de la page 123 : « selon votre mode d'utilisation du temps, quelle est votre base dominante ? »

Mise en garde concernant les tests des pages 20 et 123

> L'ennéagramme est une typologie complexe. Chacun habite sa base et, selon les circonstances, visite ses deux directions et son contact. C'est particulièrement net pour l'exemple de François Mitterrand que nous venons d'analyser.
> Les réponses aux tests ne peuvent donc être sans nuances. Dernièrement, je faisais passer le test de la page 20 à un ami que je savais en base TROIS. Chaque fois qu'il avait à répondre à une question caractéristique de cette base, il me disait, avec un grand sourire, : « tu vois, tu m'aurais posé cette question il y a deux ou trois ans, j'aurais mis 3 points, maintenant, je fais attention, je me surveille, aussi je ne mets plus que 1 point ! » Et c'est ainsi, qu'en sous-évaluant sa base et en surévaluant la base SIX, il a totalisé un peu plus de points en SIX qu'en TROIS.

Considérer cette approche pour ce qu'elle vaut. C'est une première indication. Pas plus. Néanmoins, si, pour ces deux tests, vous vous attachez à trouver une **configuration** et non une base, vous disposerez déjà d'éléments intéressants. Si vous faites passer ces tests à un interlocuteur, demandez-lui de répondre à haute voix en votre présence. Ses commentaires seront une mine d'informations qui vous permettra, sans doute, d'éviter les investigations qui suivent.

3. Recherche à l'aide d'une interview

Nous ferons l'hypothèse que la personne dont vous recherchez la typologie d'ennéagramme est tout à fait coopérante. C'est aussi une méthode pour trouver votre propre ennéagramme – et l'accepter – que de vous faire interviewer.

Par rapport à l'analyse d'un texte écrit, figé, au cours d'une interview, il n'est pas gênant de faire des hypothèses pour cerner rapidement la configuration. Si on se trompe, il est possible, à chaque instant, de corriger le tir. Je vous propose la même démarche que celle que nous avons utilisée pour un texte, mais elle sera interactive et vous irez beaucoup plus vite.

Les métaprogrammes

Quelles questions poser à votre interlocuteur ? Nous en avons évoqué quelques-unes au long des pages 146 à 150. Les schémas de la page 168 vous donnent, de manière synoptique, les correspondances entre métaprogrammes et bases d'ennéagramme. Les programmes les plus utiles à explorer sont indiqués ci-dessous, dans l'ordre d'importance décroissante.

- *Le cadre de référence* élimine, à lui seul, la moitié des bases. Posez à votre vis-à-vis des questions sur la réussite, l'apprentissage, la compétence, etc.
- *L'implication active ou réceptive.* Posez-lui des questions sur son comportement par rapport aux événements de la vie : agit-il sur le monde de manière déterminée, ou est-il plus passif, plus réceptif ?
- *Les tris primaires.* Demandez-lui de raconter le déroulement des événements de la journée. Ou comment se passent habituellement ses vacances ? Qui les choisit ? En fonction de quels critères ? Ou comment a-t-il choisi le travail qu'il exerce ? Comment est-il entré dans l'entreprise ou l'administration ?
- *Direction vers ou loin.* Comment fait-il pour se motiver ? Pour décider ? Pour organiser son temps ? Pour apprendre ?

Les critères et les croyances

Dans ce domaine, les questions ne sont plus introduites par *comment*, mais par *pourquoi* ou mieux *en quoi* qui centre moins sur les informations et risque moins d'être pris pour une mise en cause. Par exemple, « En quoi est-ce important pour vous de...? » Pour avancer rapidement, vous pouvez vous reporter à la liste-type des critères de la page 151 et appliquer la procédure suggérée.

Faites des hypothèses avec les données en votre possession

Crayonnez les schémas de configuration possibles et demandez à votre vis-à-vis de vous parler des émotions qu'il apprécie et de la perception de son enfance. À ce stade, si vous savez établir et maintenir un bon rapport, vous pouvez suggérer ce que nous avons appelé les questions-chocs ci-contre. Calibrez bien la réaction obtenue et concluez... ou envisagez d'autres hypothèses, si votre question ne produit aucun effet.

Les *questions-chocs*

- Base UN : « En somme, vous êtes le parfait exemple de l'imperfection ! »
- Base DEUX : « C'est vrai qu'il faut une certaine humilité pour reconnaître ses propres besoins ! »
- Base TROIS : « Savez-vous que la meilleure façon d'agir, dans ce cas, est justement de ne rien faire ? »
- Base QUATRE : « En somme, ce que vous souhaitez, c'est vous situer au niveau de tout le monde ! »
- Base CINQ : « À force de réfléchir autant, vous allez passer votre temps à vous saturer les méninges ! »
- Base SIX : « En suivant cela à la lettre, ne craignez-vous pas de respecter des règles absurdes ? »
- Base SEPT : « Le plaisir vaut-il toujours la peine qu'on le recherche ? »
- Base HUIT : « Ce qui est très fort, c'est d'oser montrer ses faiblesses ! »
- Base NEUF : « Comme cela, vous aurez tout le loisir de décider, seul contre tous ! »

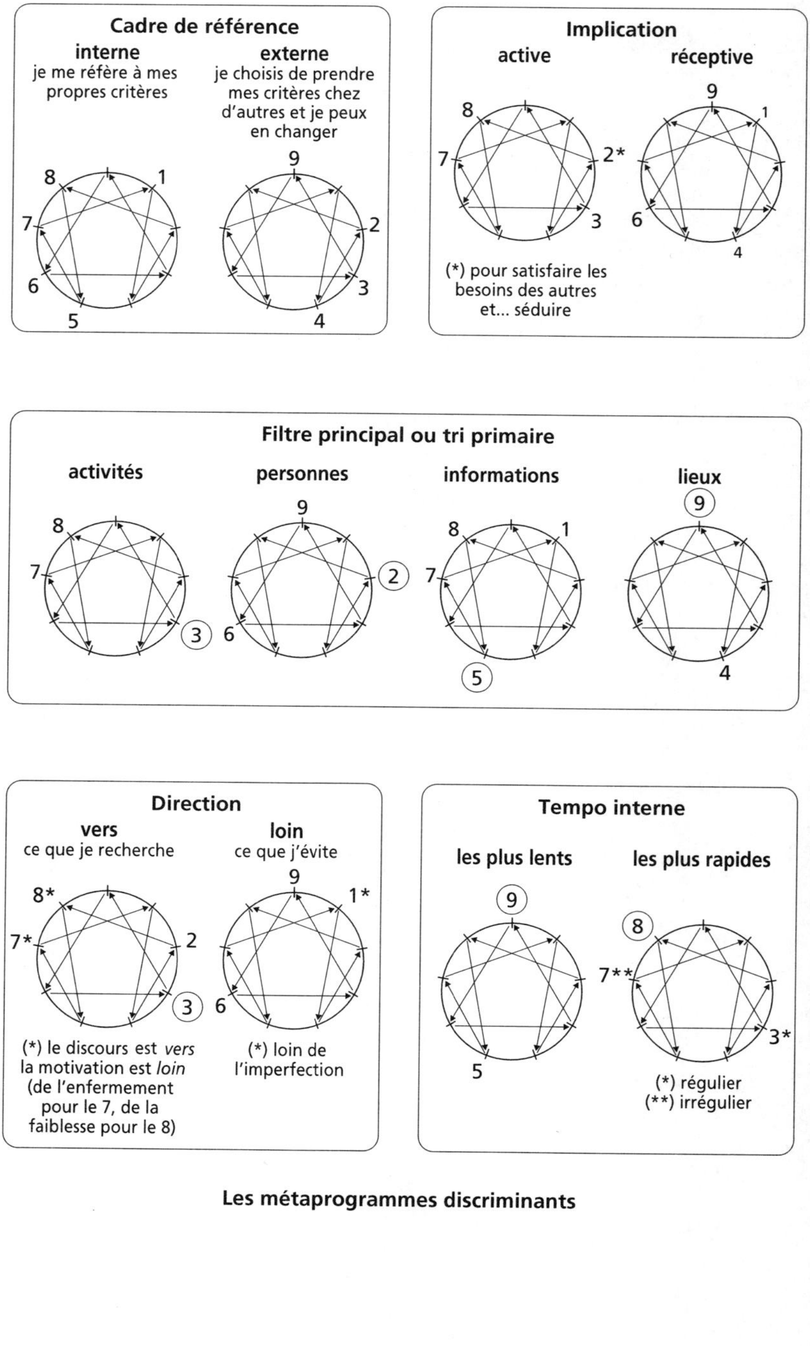

Les métaprogrammes discriminants

Chapitre 14
Comment évoluer avec l'ennéagramme ?

« C'est une absolue perfection et comme divine
de savoir jouir loyalement de son être. »
Montaigne

Les ouvrages traitant de l'ennéagramme ont tous été publiés depuis moins d'une dizaine d'années. Ils divergent sur la façon dont on peut utiliser cet outil pour parcourir « l'itinéraire de sa vie intérieure », pour reprendre la belle expression du titre français de l'ouvrage de Maria Beesing, Robert Nogosek et Patrick O'Leary[1]. En ce qui nous concerne, nous proposons une double approche.

La première considère que chacun de nous est essentiellement habité par sa base, mais qu'il peut, en suivant l'une ou l'autre des sécantes fléchées, prendre plus ou moins les caractéristiques de ces autres bases. C'est l'approche faite par le courant religieux dont l'ouvrage est cité ci-dessus. Et c'est celle de la plupart des psychologues américains qui ont publié.

1. *L'ennéagramme, un itinéraire de la vie intérieure*, Ed. Desclée de Brouwer, 1992.

La seconde approche intègre l'ennéagramme dans l'ensemble des outils de la programmation neurolinguistique. C'est l'approche de Anné Linden, directrice du New York Training Institute for NLP. C'est aussi celle de CAPNL[1]. Chacun de nous est habité par différentes *parties*, comme nous l'avons vu au chapitre 7. Celles-ci cohabitent plus ou moins harmonieusement à l'intérieur de nous-mêmes. Et ces *parties* ne sont pas autre chose que notre base d'ennéagramme, nos deux directions et notre contact, quatre *parties* à qui nous confions, plus ou moins souvent, la barre du bateau.

1. L'ennéagramme, un parcours fléché incontournable

Les sécantes de l'ennéagramme sont orientées par des flèches qui définissent deux sortes de déplacements quasi inéluctables :

- Vous suivez le sens de la flèche quand vous êtes sous pression, sous stress. Ce peut être du bon stress, comme celui du sportif qui s'apprête à réaliser un exploit. Ce peut être aussi du stress-panique.
- Vous suivez le sens contraire de la flèche quand vous êtes en sécurité par rapport à votre modèle de fonctionnement. Par exemple, si votre base est TROIS, vous visitez la base SIX et vous prenez du temps pour réfléchir avant d'agir. Être en sécurité recouvre des notions différentes pour chaque base.

Le triangle TROIS, SIX, NEUF

Ce sont les bases situées au milieu des centres de fonctionnement tête, cœur, corps que nous avons décrits plus haut.

➤ *Base TROIS*

– Sous stress, un TROIS passe en base NEUF. Il abandonne la recherche du *feed-back*, l'évaluation du résultat par les autres, pour passer dans une démarche plus impulsive. En somme, il change de centre de décision. Il réagit instinctivement. « La vie vaut-elle la peine qu'on s'excite autant ? Ralentissons ! » Cela peut se produire quand un TROIS se sent impuissant. Il sait alors qu'il ne peut plus rien faire. Il se met en retrait et se moque éperdument de tout. En somme, ce peut être un temps de désespoir... ou, au contraire, de réflexion intense, de méditation spirituelle ou non.

1. Centre d'Application de la PNL, 95806 - Cergy-Pontoise Cedex ✆ (1) 30 38 89 00.

– En sécurité, un TROIS passe en base SIX. Il est tranquille. Il sait qu'il est reconnu pour ce qu'il a fait. Il peut passer du fonctionnement *cœur* au fonctionnement *tête.* Il quitte alors son agressivité pour se mettre aux normes du groupe. Il met son ambition au service de ses proches et acquiert un grand sens de la loyauté.

➤ *Base SIX*

– En situation stressante, un SIX passe en base TROIS. Il sort de ses *processus internes (PI)* et devient plus relationnel. Quand il rencontre quelqu'un, au lieu de se demander *a priori* ce que son interlocuteur peut bien attendre réellement de lui, derrière cette façade, il se met à agir avec lui, aussitôt, sans réfléchir. Mais, à rester trop longtemps en base TROIS, il peut donner dans une hyperactivité et la présomption qui sont la compulsion propre au TROIS.
– Quand un SIX est plus sûr de lui, il passe en base NEUF. Il abandonne le centre de fonctionnement *tête*, les processus internes, et fonctionne de manière plus impulsive, plus spontanée. Il se méfie moins de tout ce qui est nouveau ; il ose dire ses appréhensions et protester ; il place l'harmonie et la sérénité au-dessus des règles et des normes à respecter.

➤ *Base NEUF*

– Sous stress, un NEUF passe en base SIX. Il passe du centre de fonctionnement *corps* à celui du mental, de la *tête*. Il pense avant de réagir. En revanche, si on le stresse trop, il peut se bloquer, se figer complètement, se mettre en *processus interne* et y rester... longtemps.
– Dans une situation plus tranquille, un NEUF passe en base TROIS et peut, à ce moment-là, abattre un travail colossal.

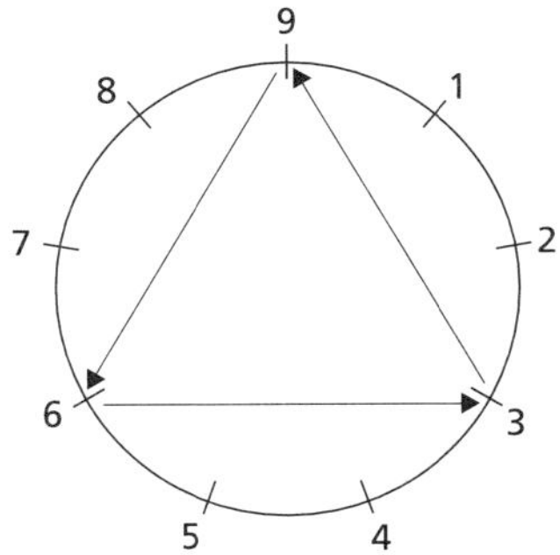

Ainsi, les bases de ce triangle équilatéral communiquent entre elles, mais ne communiquent pas avec les autres. Étant situées au milieu de chacun des centres de fonctionnement, *tête, cœur* ou *corps*, les personnes qui habitent ces bases éprouvent un maximum d'avantages et un maximum d'inconvénients. Elles ont tout à portée de main, si l'on peut dire, pour se développer et évoluer dans cette triade de bases aussi caractéristiques et aussi complémentaires. Si vous appartenez à l'une d'elles, il est normal qu'en remplissant les tests des pages 20 et 123, vous ayez aussi des scores importants dans les deux autres.

Les trois types de la droite du cercle : UN, DEUX, QUATRE

C'est un peu plus complexe pour les autres bases qui se renvoient l'une à l'autre.

➤ *Base* UN

- Sous stress, un UN se déplace en base QUATRE. Au lieu d'un désir excessif de perfection, d'un dialogue interne très fort et d'une perception fréquente d'échec, il acquiert un sentiment puissant d'être exceptionnel, il ressent des émotions très intenses. Mais cela peut aussi le conduire à des sentiments négatifs d'échec du genre : « Décidément, je suis un raté ! Je suis l'échec, en personne ! J'incarne l'échec ! »
- Sous un plus grand détachement, un UN passe en base SEPT. Ce faisant, il a l'impression de prendre davantage de plaisir, d'avoir plus de choix. Il peut rationaliser l'échec : « Il ne faut pas se prendre trop au sérieux. Ce n'est pas si grave que ça ! » Mais il risque d'abandonner, au passage, son critère élevé de perfection et peut alors se moquer de tout : « j'ai raté ça... et puis encore ça... j'en raterai d'autres !... Et alors ? Ça vous gêne ? Pas moi ! » Avec un fonctionnement *tête*, le UN peut davantage faire appel à sa créativité et à son imaginaire.

➤ *Base* DEUX

- Sous environnement stressant, un DEUX se retrouve en base HUIT. Ce faisant, il récupère les critères du HUIT et s'aperçoit que, peut-être, il est allé trop loin dans la gentillesse, l'abnégation, etc. Et c'est ainsi qu'il peut exploser. Passant du fonctionnement du *cœur*, de l'identité à celui du *corps*, de l'instinct, il récupère la sensation de ses propres besoins. En revanche, l'apport négatif peut être la réaction suivante : « Je m'aperçois, en fait, qu'il n'est pas avec moi comme je suis avec lui, il se moque de moi et il ose le faire ! Me faire ça à moi ! Je lui rentre dedans ! » Et cela peut provoquer du ressentiment, de la haine et des désirs de vengeance terribles.

- Sous calme, un DEUX passe en QUATRE. Il y est en sécurité. Il se rend compte qu'il est reconnu et que les gens l'aiment. Il se persuade alors qu'il est quelqu'un d'exceptionnel et donc qu'il a de la valeur par lui-même. Et c'est plutôt bon !

➤ *Base QUATRE*

- Sous stress, un QUATRE visite la base DEUX. Comme il a une grande capacité d'empathie, cela lui permet de trouver son identité en ayant un très bon rapport et en aidant vraiment les autres, à la différence du DEUX. Quittant sa position *en retrait*, un QUATRE développe ainsi des relations tournées vers les autres. L'apport négatif est qu'un QUATRE passant en base DEUX est tenté de séduire l'autre pour le *dévorer*, le détruire.
- Sous calme, un QUATRE passe en base UN. Cela peut lui procurer une excellente motivation pour réaliser son caractère exceptionnel, pour agir. Il devient, de plus, convaincu de sa valeur, de ses propres critères. En revanche, l'apport négatif peut être : « Je suis exceptionnel et, en plus, je ne serai jamais parfait ». Ce qui bloque toute forme de réalisation. C'est la dépression assurée.

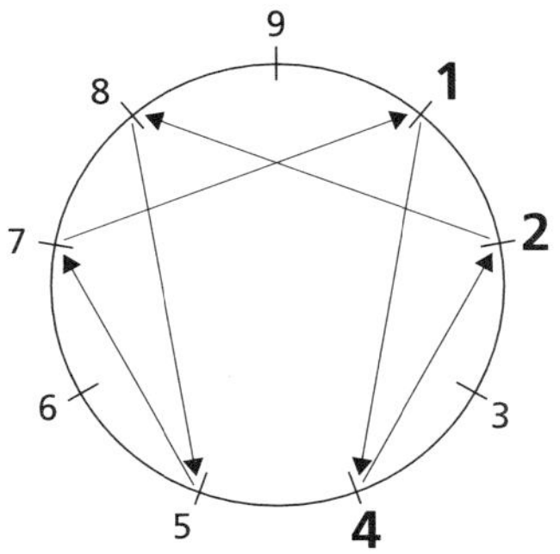

Ainsi, un DEUX et un QUATRE (sauf si celui-ci a une aile en CINQ) ne vont pas dans le centre de fonctionnement du mental. Non pas que l'un et l'autre ne pensent pas. Mais, tous deux utilisent déjà beaucoup leur *processus internes*. Un DEUX pour savoir qui choisir dans le groupe, sur qui investir, comment s'y prendre, un QUATRE pour se répéter la façon dont il voudrait se comporter envers les autres, le rôle qu'il désire jouer, comment s'habiller. L'un et l'autre font pour cela un travail mental important. Aussi l'aspect *tête* leur manque-t-il peu. En revanche, l'accès à l'instinct suffit pour leur procurer l'identité indispensable.

Les trois types de la gauche du cercle : CINQ, SEPT, HUIT

Ils sont exactement symétriques des précédents sur le cercle de l'ennéagramme.

➤ *Base CINQ*

- Sous une situation stressante, un CINQ se déplace en base SEPT. Que va-t-il y trouver ? Essentiellement une **ouverture vers l'extérieur**. Beaucoup plus de choix et une meilleure prise en compte des autres. Il va y découvrir aussi plus de possibilités d'action. Mais il risque d'y papillonner. « C'est bien ! je fais ce que je veux ! Je pense, pense, pense... à m'amuser. C'est très drôle ! » Et il perd ce qui est capital pour lui : le plaisir de comprendre.
- Sous un environnement serein, un CINQ visite la base HUIT. Le faisant quand il est tranquille et sûr que son intimité ne sera pas violée, cela diminue nettement son dialogue interne et lui donne les moyens de maîtriser les autres et d'oser montrer un peu de son intimité. « Je suis assez fort pour montrer mes sentiments. » Sa démarche devient alors plus instinctive et il **passe à l'action**. Il peut même, dans ce cadre, laisser exploser sa colère !

➤ *Base SEPT*

- Sous une haute énergie, un SEPT visite la base UN. Il passe du centre de fonctionnement *tête* à celui de l'instinct, du *corps*. Il y découvre des objectifs à atteindre, des choses à réaliser. Il se focalise alors sur un but et le poursuit jusqu'au bout. Il ne se demande plus, sans cesse, s'il est heureux et s'il a encore des choix. Mais cela peut le conduire aussi à l'entêtement, s'il reste longtemps en position UN.
- Sous un faible niveau d'énergie, un SEPT passe en base CINQ. Quels en sont les avantages ? Bien sûr il peut s'y reposer, méditer. Il peut comprendre quels sont les choix utiles et ceux qui le sont moins. En revanche, cela peut le mener à la confusion : « Je cherche d'autres choix qui pourraient me donner encore d'autres

choix qui pourraient... » En somme, s'il reste un long moment en position CINQ, un SEPT peut fonctionner comme une *usine à gaz*.

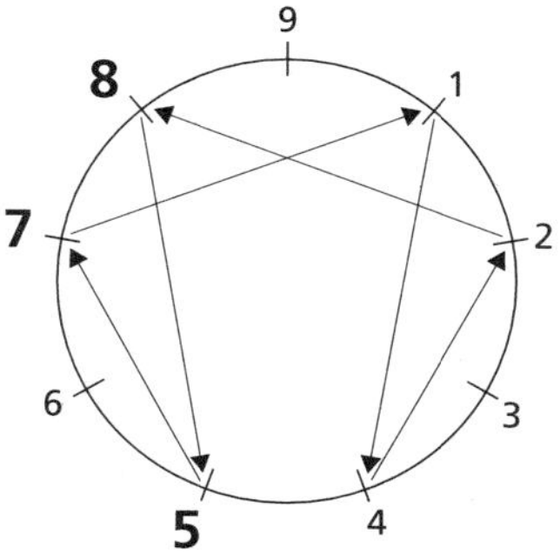

Ainsi, un CINQ (sauf s'il a une aile en QUATRE) et un SEPT ne vont pas dans le centre de fonctionnement *cœur*. Est-ce regrettable ? Pour un CINQ, le problème essentiel est son intimité. Cette intimité implique déjà du relationnel, qu'il veut précisément contenir à un niveau acceptable. Qu'irait-il chercher de plus dans ce centre-là ? En revanche, ce qui va l'aider, c'est développer une démarche instinctive avec laquelle il pourra rencontrer les autres de manière plus spontanée. Pour une personne en base SEPT, la fuite permanente de tout ce qui peut être difficile à vivre, l'amène déjà à papillonner autour de très nombreuses personnes. Passer au centre relationnel ne lui apporterait rien de plus.

➤ *Base HUIT*

– Sous une situation stressante, un HUIT visite la base CINQ. Il pense... enfin ! Il passe de l'instinct à ce qui est le summum de la réflexion. Mais à rester trop en base CINQ, cela peut donner : « Est-ce possible que je sois aussi mauvais que ça ? Quelle horreur ! J'ai vraiment honte de moi ! »
– Sous un niveau d'énergie réduit, un HUIT passe en base DEUX. Il se rend compte alors qu'il y a des gens et, qu'en plus, ceux-ci éprouvent des émotions, des sentiments. Étrangement, ces gens ne souhaitent pas tous se battre avec lui ! Dans le monde, il n'y a donc pas que des combattants. Quelle surprise ! Alors, le HUIT va apporter, généreusement, son concours pour sauver le monde, même si personne n'a rien demandé. Ce peut être pratique quand on recherche un ange gardien... efficace. Un certain nombre de

croisades et de guerres libératrices ont commencé ainsi ! Cela rappelle aussi l'histoire traditionnelle du scout qui aide la vieille dame à traverser la rue... de force.

2. L'ennéagramme, une dynamique volontaire

Notre être est, à la fois, un et multiple. Nous avons le plus souvent l'impression d'avoir fait l'unité de nos diverses pulsions et « de parler d'une seule voix ». Et, par moments, nous sentons bien que ce n'est pas tout à fait vrai. Nous ressentons qu'à l'intérieur de nous-mêmes, s'installent des conflits. Comme si nous abritions des *partie*s différentes qui revendiquent les commandes du navire, en fonction des circonstances.

Les exemples mis en lumière au cours de nombreux stages démontrent que ces *partie*s qui cohabitent en nous sont limitées à quatre. Elles ne sont pas autre chose que notre base, nos deux directions et notre contact. Et tout l'enjeu consiste

– à prendre conscience de ces quatre *partie*s et à bien les identifier,
– à les apprivoiser ou, plutôt, à se laisser apprivoiser par chacune d'elle,
– à leur confier la barre, tour à tour, en fonction de leurs compétences,

ce qui n'est pas autre chose que développer sa flexibilité, un objectif cher à la PNL.

Identifier les parties qui nous habitent

Nous avons déjà entrepris cette démarche page 84. Il est préférable de travailler avec quelqu'un qui souhaite faire la même démarche, ainsi vous ferez les investigations à tour de rôle. Recherchez, chacun, et écrivez sur une feuille de papier une bonne douzaine de vos comportements récents que vous n'avez pas appréciés ou, pire, que vous avez trouvé déplaisants. Lorsque chacun de vous a terminé sa liste, vous vous retrouvez et vous déterminez, chacun à tour de rôle, quel critère est mis en cause et entre quelles *partie*s de votre interlocuteur.

Voici trois exemples, les interprétations figurant entre parenthèses.

• Pour une personne en base CINQ, avec contact en QUATRE, être perdu face à une proposition de changement professionnel alléchante (prise de responsabilités et de pouvoir chère au HUIT, reconnaissance de son intelligence propre au CINQ)). Mais cette proposition comporte l'obligation de quitter la région du Nord pour le siège de la société à La Défense (perte d'indépendance, éloignement, contraintes, ressentis par le SEPT). Ce qui déclenche chez elle des émotions polaires (en dix secondes, passage de l'enthousiasme délirant à l'abattement complet, tout à fait caractéristique du QUATRE).

• Vouloir faire régulièrement du sport avec des amis (image idéale du UN et envie de faire plaisir du DEUX)) mais remettre au lendemain tellement il y a de choses intéressantes à faire par ailleurs (possibilité de choix du SEPT et certitude du UN que ce qui sera fait ne sera pas parfait). Puis, finalement, se retrancher derrière des obligations professionnelles pas possibles – « si, si, je te jure ! » du QUATRE avec la mise en scène qui convient – empêchant de se donner du temps. Enfin, frustration du UN qui déguise sa déception. Il s'agit là, bien sûr, d'une personne en base UN, avec contact en DEUX.

• Ou encore, s'agissant d'une personne en base SEPT, avec contact en SIX, déménager pour se rapprocher de sa famille (sollicitude, loyauté du SIX envers les siens) et, en particulier, de sa mère qui demande des soins (sens du devoir du UN). En contrepartie, elle doit quitter une région attachante (indépendance et liberté du CINQ) et un travail passionnant et très varié (perte de plaisir et de choix du SEPT).

Attention : les conflits sont souvent dus à un changement de nom d'un même critère. Ce qu'une personne en base UN appelle devoir, un SEPT le nomme contrainte, enfermement, négation de soi. Ce que le SEPT désigne par liberté, est vu comme de la dispersion, de la velléité par le UN. La perfection du UN s'oppose au sens du partage du DEUX. Le dépassement de soi du TROIS est pris par le SIX comme de la peur de décevoir. La prédictibilité, la confiance en l'autre du SIX sont pris pour de la routine par le SEPT et s'opposent à la joie de l'imprévu.

Apprendre à visualiser nos différentes parties

Ces différentes *parties* étant découvertes, il s'agit maintenant de les visualiser en trouvant l'image (pour une personne à dominante visuelle) ou le signal (dominante auditive) ou la sensation (dominante kinesthésique) qui caractérise chacune d'elle. En établissant ainsi – et une fois pour toutes – un ancrage entre image, signal ou sensation et *partie*, la personne connaît, lors de chaque négociation interne, les diverses *parties* en cause. Cet *ancrage* lui permet aussi d'aller à volonté chercher, dans la *partie* qui en est dépositaire, les ressources utiles pour la situation présente.

Procédure avec un interlocuteur

- Demander à votre interlocuteur d'identifier des « aspects sympathiques » de chacune de ses *parties* qui soient autant d'aspects de lui-même qu'il apprécie. Faites-lui bien distinguer chaque *partie* en cause. Aidez-le, au besoin, en faisant intervenir les *critères* caractéristiques des différentes bases.
- Lorsque votre vis-à-vis a reconnu une de ses *parties*, demandez-lui de s'identifier totalement à celle-ci. Faites-lui rechercher des situations où il était particulièrement heureux ou bien où il a obtenu ce qu'il considère comme d'excellents résultats. Que voit-il ? Qu'entend-il ? Que ressent-il ? Peut-il résumer en une seule image, un seul signal ou une sensation particulière, ce qui se manifeste à ce moment-là ? Comment nomme-t-il la ressource dont il bénéficie ?

Voici les résultats pour une personne de base QUATRE avec contact en TROIS :

Partie en cause	Signal	Représentation symbolique	Type de ressource
QUATRE	sensation que tout se passe à merveille	image de moi en position d'animation devant un groupe	maîtrise en situation de leader
DEUX	bruit d'un rire enfantin avec une tonalité caractéristique	image de ma fille heureuse, qui rit	dépassement, don de soi, reconnaissance
UN	courbe de croissance	image idéale de moi dans très longtemps	sérénité, confiance en l'avenir
TROIS	trois diodes vertes de mon portable en état de marche	confluent de deux rivières de montagne que je connais bien	savoir-faire, se prouver sa valeur à soi-même

Et pour une autre personne de base CINQ avec contact en SIX :

***Partie* en cause**	**Signal**	**Représentation symbolique**	**Type de ressource**
CINQ	chants grégoriens	fontaine de village	ressourcement, apprentissage
HUIT	montée en tension	geyser intermittent en Islande	énergie pour faire face à une situation difficile
SEPT	couleurs vives	cascades de Plitvice en Croatie	envie de découvrir d'autres choses
SIX	lumières dans la nuit	repas traditionnel de Pentecôte en famille	confiance, harmonie

Le tableau des pages suivantes donne les ressources que l'on peut trouver dans chaque base, en habitant celle-ci ou en la visitant, lorsqu'on vient d'une direction ou d'un contact. Ce ne sont pas tout à fait les mêmes pour celui qui habite ou pour celui qui visite.

Qu'apporte chaque base à celui qui l'habite ou la visite ?

Base	Pour la base elle-même	Pour la direction amont (sens de la flèche)	Pour la direction aval (en remontant la flèche)	Pour le contact de gauche	Pour le contact de droite
UN	perfection, sens de l'honneur, du devoir, de l'ordre des choses, agir au nom des principes	(SEPT) entreprendre quelque chose et aller jusqu'au bout	(QUATRE) sérénité, confiance au présent et en l'avenir, finesse, justesse, précision, rigueur	(DEUX) rigueur et jugement, possibilité d'évaluation de l'amour qu'on lui porte	(NEUF) rigueur, rigidité, respect de l'honneur, du statut, jugement
DEUX	aider les autres, les respecter, amour, générosité, gentillesse	(QUATRE) tolérance, compassion, recherche d'approbation par les autres, dépendance	(HUIT) respect de la famille, des gens du clan (ce n'est pas forcément du tri personnes)	(TROIS) partage, aider les autres à s'améliorer, les former, leur donner confiance en ce qu'ils font	(UN) respect ou manipulation des autres, s'isoler en étant bien (tri personnes/soi et autres)
TROIS	efficacité et amélioration de l'efficacité, réussite, succès, aller de l'avant, obtenir un résultat visible	(SIX) concertation pour faire, rester fixé sur quelque chose, efficacité, ne plus se poser de questions	(NEUF) efficacité, tempo plus rapide pour agir et maîtriser les autres	(QUATRE) calme, tranquillité par de l'activité pour se vider et vider l'émotion (ex. : sport)	(DEUX) prendre du temps pour soi, tri activités, il est permis de faire des choses pour soi
QUATRE	connaître l'abandon, être unique, à part, sensible, connaître des émotions d'une grande intensité	(UN) protection/caractère unique, ne plus avoir à se mesurer, être « hors-concours »	(DEUX) émotions de reconnaissance, amour ou rejet accepté, relations plus authentiques	(CINQ) recherche de vie, de convivialité, d'intérêt pour l'autre, signal d'alerte/envahissement	(TROIS) rôle de vigile, émotion pour réagir, signal d'alarme en cas de suractivité
CINQ	savoir, connaissance, tranquillité, continuité de la vie, perception très vaste du temps	(HUIT) recul, retrait, prise d'informations, comprendre pour maîtriser la situation, faire des plans vengeurs	(SEPT) recul, réflexion, continuité, tempérance, implication, ralentissement du tempo	(SIX) savoir pour être tranquille ou pour se ressourcer, modifier sa perception du temps	(QUATRE) changement de perception du temps, retrait pour se ressourcer (il y a de la place en CINQ !)

SIX	capacité à prévoir, bien comprendre l'autre, pouvoir s'organiser, confiance, respect de l'autre et des règles	(NEUF) pouvoir compter sur quelqu'un, recherche de cadre de référence interne, recul, confiance en soi	(TROIS) confiance/méfiance, décalage entre ce qui est dit et ce qui est fait, tri personnes	(SEPT) plus grande sélection des gens classés en plus ou moins intéressants	(CINQ) de la distance, tri personnes sélectif, renforce le critère solitude/envahissement
SEPT	joie de vivre, gaité, ne pas se prendre au sérieux, avoir des quantités de choix, rien n'est définitif	(CINQ) découverte d'une « tête chercheuse », davantage de communication et d'ouverture	(UN) recherche de légèreté, bouffée d'oxygène, mais dispersion, laisser-aller	(HUIT) renforcement de l'action, de l'action pour le seul plaisir d'agir	(SIX) liberté, tout est possible, moins de réflexion et plus d'action
HUIT	justice/injustice, équité, maîtrise de soi, des autres, de la situation, être fort, agir avant de réfléchir	(DEUX) sentiment de justice pour les autres et soi, manipulation, esprit de vengeance possible	(CINQ) pouvoir, enthousiasme, arrêt des processus internes (HUIT = source d'énergie du CINQ)	(NEUF) confiance en soi, capacité à agir, peut devenir impersonnel	(SEPT) entraînement réciproque à un tempo délirant, plus de tri personnes et de confiance en soi
HUIT	harmonie, spiritualité, marquer son passage, laisser une trace, un signe dans l'univers, fuir tout conflit	(TROIS) ralentissement du tempo, ressourcement, tri lieux, peut se couper des émotions	(SIX) tempo lent, confiance en soi et aux autres, courage, relations plus nombreuses	(UN) réceptivité, harmonie entre les valeurs morales, évolution de l'humanité	(HUIT) incapacité d'exprimer sa colère qui est différée et abandonnée, frustration possible

Exemple d'utilisation du tableau :
- qu'apporte la base QUATRE à celui qui l'habite : voir colonne de gauche, 4e ligne
- qu'apporte la base UN à un QUATRE qui la visite : voir ligne un, 3e colonne
- qu'apporte la base TROIS à un QUATRE qui la visite : voir ligne TROIS, 4e colonne.

Déléguer à la partie compétente

Procédure avec un interlocuteur

- Demandez à votre interlocuteur de se concentrer sur sa *partie* « base » en rappelant la représentation symbolique de celle-ci et le signal correspondant. Demandez-lui, alors, de s'identifier totalement à cette base et de lui donner un nom. Par exemple « envie de me voir en position de leader », « besoin de consensus », « convivialité ».
- Procédez de la sorte avec chacune de ses trois autres *parties.*
- Demandez-lui de retrouver des croyances limitantes qui ont déjà engendré des conflits internes, chez lui. Puis, cherchez avec lui la perception qu'a chacune des *parties* de cette croyance et faites-lui exprimer tout haut ce que chaque *partie* dit. Poussez-le à rechercher les avantages et les inconvénients de cette perception. En d'autres termes, faites-le dialoguer avec ses différentes *parties* comme pour un recadrage (voir p. 89).

Voici un exemple d'application de cette procédure, en reprenant le tableau de la page 178, une personne de base QUATRE, avec contact en TROIS. Une croyance limitante et qui provoque des conflits internes est celle-ci : « Je ne peux rien pour les autres et les autres ne peuvent rien pour moi. On ne peut compter que sur soi-même ! » Voici les réactions des différentes *parties* :

• **Base QUATRE, « maîtrise »** : le groupe que j'anime s'agite beaucoup. Plusieurs personnes s'expriment : « Cette croyance n'a pas de sens ! », « C'est une impasse ! », « La vie, c'est d'abord une relation avec les autres ! »

• **Direction UN, « sérénité »** : la croyance crée des lumières sur fond de nuit, puis un trou noir et le silence total.

• **Direction DEUX, « dépassement »** : « Ouf ! Enfin seule, je respire ! Cette croyance vient à point ! » Et ma fille rit... rit... rit.

• **Contact TROIS, « savoir-faire »** : un barrage en béton, très haut, se dresse devant moi. Quelqu'un, à côté de moi, me dit : « Tes deux rivières sont là derrière, prisonnières. Mais quand ce sera plein, elles vont renverser ce barrage et ravager toute la plaine au-dessous. Il faut que tu fasses quelque chose ! »

La négociation a consisté à s'engager à donner la barre à la *partie* DEUX, tous les mercredis et samedis... réservés à sa fille et à elle-même, seule. Les *parties* consultées ont donné leur accord. À l'essai.

Chapitre 15
Avec l'ennéagramme, prévoyez l'entente et aidez chacun à progresser

Tu veux qu'ils s'aiment ?
Ne leur jette point le grain du pouvoir à partager.
Mais que l'un serve l'autre. Et que l'autre serve l'empire.
Alors ils s'aimeront de s'épauler l'un l'autre et de bâtir ensemble.
Antoine de Saint-Exupéry, *Citadelle*

Rien n'est simple en ce qui concerne le fonctionnement de l'homme. Mais, au point où nous en sommes rendus, une question intéressante se pose : si on connaît, pour chaque membre d'une équipe, sa base et son contact, peut-on prévoir les problèmes d'entente dans ladite équipe ? Par expérience, nous répondrons : « En gros, oui ! » Mais, il reste la liberté que chacun possède, d'évoluer ou non, en fonction de ce qui se passe dans l'équipe... et ailleurs. Se laisse-t-il mener par sa *compulsion de base* ou va-t-il visiter ses directions et son contact ?

Ces limites posées, comment – de manière standard, habituelle –, les différentes bases de l'ennéagramme se confrontent, s'acceptent, se complètent ou se combattent ? Cela peut être particulièrement utile pour :

– composer une équipe variée, efficace où régnera une bonne entente,
– aider chacun à se découvrir et à évoluer dans le contexte de l'équipe.

1. Prévoir l'entente

L'entente entre les diverses bases de l'ennéagramme est fonction de l'histoire de chacun, de l'importance des défenses mises en place et de l'évolution, c'est-à-dire la capacité de la personne à être à l'aise quand elle rend visite à chacune de ses directions et à son contact. C'est pourquoi un binôme formé de deux bases différentes peut s'entendre bien, et un autre mal. Et deux personnes de même base aussi. Même si, dans ce cas, la communication est remarquablement aisée : on se comprend à mi-mots entre bases communes. Néanmoins, on peut remarquer, le plus souvent, les modes de fonctionnement qui suivent.

Ententes avec le UN

Les UN ont un problème de colère rentrée. Leur entente avec les autres bases ne pose pas de problème d'incompréhension générale, mais plutôt de frictions ponctuelles.

- Deux UN, ensemble, c'est la perfection et la critique, à la puissance deux.
- Avec un DEUX, bonne alliance entre le côté chevalier du UN et le côté sauveur du DEUX. Des difficultés chaque fois que le UN est inconscient du ton qu'il emploie pour faire part de ses émotions.
- Le goût de la perfection du UN peut aviver le goût de la réussite du TROIS.
- Avec un QUATRE, l'entente peut se faire bien à condition que le UN visite cette direction régulièrement et accepte d'exprimer ses émotions. Ce n'est pas toujours le cas.
- Le UN et le CINQ, s'aiguillonnant l'un l'autre, développent ensemble un colossal *tri information*. Cela peut faire des merveilles ou... des dégâts.
- Des difficultés avec un SIX. Le UN hésite, voit tout ce qui ne va pas et le SIX doute. La vie en équipe (ou en couple) manque parfois de « répondant ».
- Avec le SEPT, cela se passe généralement bien : ils se pondèrent l'un l'autre.
- Des difficultés avec un HUIT, aussi agressif que lui. Mais, tandis qu'un HUIT découpe l'information de façon régulière, grand ou petit, le UN a un zoom incorporé et s'en sert très bien. Aux yeux

du UN, un HUIT est donc tout à fait approximatif. Mais, il y a du « répondant » dans cette équipe (ou ce couple).

• *Pour vous fâcher avec un UN*, critiquez-le, prenez au premier degré tout ce qu'il vous dit, dites-lui qu'il est parfait, insistez sur le ton élevé et le tempo de la voix qu'il prend pour exprimer un juste point de vue et dites-lui que ça ressemble fort à de la colère !

• *Pour vous entendre avec un UN*, ne le critiquez pas, il le fait lui-même avec beaucoup plus de talent ! Établissez un bon rapport et complimentez-le pour des éléments factuels.

Ententes avec le DEUX

L'entente avec le UN a été vue précédemment.

Les DEUX ont des problèmes avec les gens qui n'ont pas de forte tendance fusionnelle et notamment avec un CINQ peu évolué. D'autant qu'ils adorent *conquérir* ceux qu'ils estiment difficiles à approcher.

- Avec un autre DEUX, c'est à qui fera le plus plaisir à l'autre. Ils *fusionnent* et tournent joyeusement en rond. Ils peuvent cependant s'agresser s'ils passent en HUIT tous les deux.
- Parfois des difficultés avec un TROIS. Le DEUX a besoin qu'on lui dise qu'on l'aime tous les quarts d'heure alors que le TROIS ne pense qu'à travailler. Mais tous deux ont des *cadres de référence externes* et le besoin d'être reconnus.
- Avec un QUATRE, cela peut marcher si le DEUX lui dit de temps en temps : « je fais ça pour toi, parce que tu es vraiment exceptionnel. »
- Des difficultés avec un CINQ, à cause du côté « enzyme glouton » du DEUX qui constitue une menace potentielle pour l'intimité du CINQ.
- Si le DEUX crée de la confiance, cela peut marcher avec un SIX, sous réserve que le DEUX sache garder ses distances.
- Des difficultés avec un SEPT qui craint de perdre sa liberté !
- Le DEUX et le HUIT peuvent s'adorer ou se battre. Et passer de l'un à l'autre. Joyeusement... De leur point de vue. Les voisins ont parfois un avis différent.
- Un DEUX et un NEUF s'adorent et *fusionnent*.

• *Pour rendre un DEUX malheureux*, ne le regardez pas, ne l'écoutez pas, ne répondez pas à tout ce qu'il fait pour vous faire plaisir ou même critiquez cela !

• *Pour vous entendre avec un DEUX*, répondez à ses avances et dites-lui très souvent que vous l'aimez.

Ententes avec le TROIS

Les ententes avec le UN et le DEUX ont été vues précédemment.

S'il s'agit de travailler ensemble, les TROIS s'entendent avec tout le monde, sans avoir nécessairement une grande considération pour l'autre. Si leur contact est en DEUX, ils sont plus relationnels. S'il est en QUATRE, leur comportement est plus en retrait.

- Deux TROIS, ensemble, abattent un travail colossal. Cela peut aller jusqu'à l'infarctus. Il vaut mieux leur adjoindre un DEUX, CINQ, SEPT ou NEUF, pour les modérer.
- Avec un QUATRE l'entente est aléatoire. Pour le TROIS, le QUATRE est trop excessif et a trop d'états d'âme. Mais, ensemble, ils peuvent être très créatifs. Au niveau du travail professionnel, le manque d'autonomie du QUATRE rend les relations difficiles.
- Un CINQ et un TROIS mettent en commun un *tri information* et un *tri activité* performants. Mais entre eux, il y a des différences de tempo importantes.
- Des difficultés d'entente avec un SIX que le TROIS juge trop lent pour prendre certaines décisions. De plus, un SIX a besoin d'être légitimé. Un TROIS s'en moque éperdument.
- Bonne entente avec un SEPT, au moins au début. Cela peut devenir plus superficiel avec le temps. Ils ont tous les deux un tempo rapide, plus régulier chez un TROIS, plus fluctuant chez un SEPT.
- Avec un HUIT, pas de problème majeur, sauf en ce qui concerne la volonté de maîtrise du HUIT !
- Quelquefois des difficultés avec un NEUF, qu'il juge peu responsable, trop *réceptif* et attendant qu'on lui apporte tout dans le bec. Des différences colossales de tempo interne entre les deux : c'est un peu le lièvre et la tortue.

• *Pour rendre fou un TROIS*, cachez-lui un résultat qui n'est pas bon alors que le TROIS pense que c'est la pire des choses à faire et qu'il vaut mieux réparer au plus vite. Car le TROIS passe alors en SIX et il devient méfiant envers vous. Donnez-lui des *feed-back* erronés ou négatifs répétitifs sur ce qu'il a fait. Faites-le parler de lui-même, surtout en public.

• *Pour vous entendre avec un TROIS*, donnez-lui du *feed-back* sur ce qu'il fait. Donnez-lui des défis à faire ou à organiser et complimentez-le pour tout ce qu'il réussit. Encouragez-le pour le reste.

Ententes avec le QUATRE

Les ententes avec le UN, le DEUX et le TROIS ont été vues précédemment.

– Deux QUATRE, ensemble, peuvent bien s'entendre. Ils ne dépriment ni au même moment ni pour les mêmes choses. L'un repêche l'autre.
– Des problèmes possibles avec les CINQ. Le QUATRE ressent beaucoup trop d'émotions !
– Difficultés avec un SIX qui a peur du côté spectaculaire et imprévu de ses émotions et de ses accès de colère notamment.
– Difficultés avec un SEPT, quand le QUATRE est en période dépressive. En période faste, c'est magnifique ! Que d'idées, de choix, d'imprévus !
– Pas de problème majeur avec un HUIT. Quand celui-ci se met en colère, le QUATRE réagit de manière théâtrale. « Voilà quelqu'un qui s'exprime ! » pense le HUIT... qui découvre que ce QUATRE est néanmoins bien trop réceptif !
– Pas de difficultés avec un NEUF. Ils sont en retrait tous les deux et très intéressés par les gens, les enfants et les animaux.

• *Pour contrarier un QUATRE*, dites-lui qu'il est vraiment comme tout le monde, qu'il n'a jamais rien vécu d'autre que ce que tout le monde vit, un jour ou l'autre. Niez l'intensité de ses émotions. Niez aussi l'importance de l'aspect esthétique des gens et des choses.

• *Pour vous entendre avec un QUATRE*, reconnaissez l'intensité extraordinaire de ses émotions et tout ce qui montre qu'il est vraiment hors classe.

Ententes avec le CINQ

Les ententes avec les bases UN à QUATRE ont été vues précédemment.

– Avec un autre CINQ, ils échangent beaucoup d'information. Ils vivent côte à côte, plus qu'ensemble. Un couple de CINQ n'est souvent pas très sociable.
– Avec un SIX, le CINQ n'en sait jamais assez et le SIX se méfie. Cela peut marcher si leur type de peur n'est pas la même et s'ils ont

fait un bout de chemin ensemble. Le SIX est davantage intéressé par les gens et l'extérieur et peut communiquer cela au CINQ.

– Un CINQ et un SEPT peuvent s'entendre : ils ont, en commun, une direction, le centre de fonctionnement *tête* et le *tri informations.* Le CINQ apporte au SEPT l'organisation et la continuité. Le SEPT apporte au CINQ un peu de fantaisie.
– Parfois des difficultés avec un HUIT. Les deux ne se battent pas sur le même terrain. Le CINQ se bat avec sa tête et a des problèmes pour se confronter. Le HUIT se bat avec son corps, son instinct, mais reconnaît la valeur intellectuelle du CINQ.
– Pas de problème avec un NEUF. Tous les deux ont besoin de solitude et ne risquent pas de s'envahir. Mais, ce couple peut être très silencieux !

• *Pour exaspérer un CINQ*, téléphonez-lui souvent, allez le voir à l'improviste, à temps et contretemps. Empruntez-lui des objets sans les lui rendre... très vite. Prenez-lui du temps. Niez l'importance des connaissances. Faites-lui remarquer qu'il ignore des choses qu'il devrait savoir. Demandez-lui, par exemple, de choisir entre plusieurs séminaires complémentaires.

• *Pour vous entendre avec un CINQ*, soyez discret. Respectez son intimité. Donnez-lui beaucoup d'explications. Argumentez et ne lui demandez jamais ce qu'il ressent.

Ententes avec le SIX

Les ententes avec les bases UN à CINQ ont été vues précédemment.

– Deux SIX forment un couple très méfiant avec tout le monde.
– Des difficultés d'entente avec un SEPT si le SIX lui pose beaucoup de questions... pour être rassuré. Ils peuvent s'entendre si le SIX a développé une certaine confiance en lui-même et, bien entendu, si celui-ci a un contact en SEPT.
– Beaucoup de mal pour s'entendre avec un HUIT qui lui parait très dangereux.
– Bonne entente avec un NEUF. Les *lectures de pensée* sont produites de manière industrielle. Leur vérification par le SIX calme l'angoisse du NEUF, ce qui tempère la peur du SIX.

• *Pour vous fâcher avec un SIX*, établissez des relations confiantes (cela met un certain temps) et... trahissez-les ! Une seule fois suffit. Devenez imprévisible en jouant un coup à droite, un coup à gauche.

• *Pour vous entendre avec un SIX*, soyez toujours prévisible et, surtout, loyal jusqu'au bout des ongles. Rassurez-le souvent et aidez-le à avoir confiance en lui-même.

Ententes avec le SEPT

Les ententes avec les bases UN à SIX ont été vues précédemment.

– Deux SEPT vivent dans la joie mais n'ont pas toujours les pieds sur terre. Un couple de SEPT peut avoir des problèmes matériels.
– L'entente avec un HUIT est aléatoire. Souvent, le SEPT pense qu'on pourrait faire des choses plus fines, plus intelligentes. Il n'apprécie pas du tout les conflits dont le HUIT se délecte, à temps et contretemps.
– Difficultés avec un NEUF essentiellement pour des différences de tempo : le NEUF est vraiment trop lent et trop routinier pour le SEPT.

• *Pour rompre le rapport avec un SEPT*, coincez-le. Ne lui donnez aucune option. Apitoyez-vous sur votre sort, pleurez, lamentez-vous et votre SEPT disparaîtra très vite !

• *Pour vous entendre avec un SEPT*, donnez-lui des objectifs à moyen ou long terme et laissez-le libre des moyens. Donnez-lui du champ, de la liberté, tout en lui demandant des comptes... à dates convenues.

Ententes avec le HUIT

Les ententes avec les bases UN à SEPT ont été vues précédemment.

– Deux HUIT, ensemble, se confrontent sans problèmes majeurs, la colère ne les impressionnant pas outre mesure. Étant forts tous les deux, ils se respectent.
– Difficultés avec un NEUF beaucoup trop mou au gré du HUIT. Si le NEUF a son contact en UN, il demande au HUIT de justifier ses colères. Ceci a le don d'exaspérer ce dernier.

• *Pour vous fâcher avec un HUIT*, fuyez l'affrontement et vous perdrez aussitôt le rapport. Reprochez-lui de s'être mis en colère ou reparlez-en longuement ou souvent. Soyez rancunier. Vous pouvez aussi tenter de le contrôler.

• *Pour vous entendre avec un HUIT*, il faut que vous soyez capable de ne pas vous émouvoir chaque fois qu'il se met en colère, ce qui est très fréquent.

Ententes avec le NEUF

Les ententes avec les autres bases ont déjà été vues précédemment.

– Avec un autre NEUF, excellente entente, mais avec un tempo très lent. Ils se respectent beaucoup l'un l'autre. En couple, ils recherchent l'harmonie dans la famille, dans leur environnement. Ils ont le sens du long terme. Ils ont des enfants, des animaux, une maison de campagne dans le Périgord. Si tous les deux sont des NEUF peu évolués, c'est l'inertie parfaite. Rien ne bouge.

• *Pour rompre le rapport avec un NEUF*, stressez-le, donnez-lui énormément de choses à faire très vite. Il fera autre chose... ou rien. Vous pouvez aussi vous emporter ou l'obliger à prendre parti pour telle personne, contre telle autre (pour des choses, cela ne pose pas de problème).

• *Pour vous entendre avec un NEUF*, laissez-lui du temps. Ne lui demandez pas de s'impliquer ou de prendre parti : pour lui, il y a du bon dans tout. Encouragez-le et donnez-lui confiance en vous.

2. S'entraider pour progresser

Pour aider un UN à évoluer

– Travaillez avec lui *l'image de* son *moi idéal* pour qu'il mette du temps et des étapes entre lui, aujourd'hui, et cet idéal. Faites-lui *découper plus petit* sa quête de perfection et intégrer l'erreur dans l'apprentissage.
– Aidez-le à développer un *tri personnes*, à apprivoiser davantage ses *émotions*, à *être en accord (match)* avec lui-même et à *s'impliquer* de manière plus *active*.
– Faites-le travailler sur le *critère* de perfection. Par exemple, faites-lui décrire en détail, comment serait un « monde parfait » et surtout comment il serait, lui, s'il était « parfait ». Puis, demandez-lui s'il aimerait vivre, vingt-quatre heures sur vingt-quatre, avec un tel compagnon ! Faites-lui appeler « erreur » ce qu'il appelle « faute » et montrez-lui qu'il peut progresser encore mieux à partir de telles erreurs.
– Faites-lui prendre conscience qu'un critère a toujours deux côtés et faites-lui utiliser davantage le programme *aller vers*.

– Aidez-le à penser autrement que noir ou blanc, à passer du mode polaire à un mode plus nuancé. Proposez-lui de changer ses opérateurs modaux d'obligation : « je dois, il faut, etc. ; » en opérateurs de possibilité : « je peux, j'ai l'occasion, etc. » ou de souhait : « j'ai envie, je veux, etc. »

Pour aider un DEUX à évoluer

– Faites-lui développer un *système de perception* visuel et auditif.
– Apprenez-lui à penser par images, à décrire celles-ci minutieusement, avec toutes les sous-modalités visuelles et auditives.
– Faites-le s'entraîner à se *différencier* (*mismatch*), par principe. Apprenez-lui à mettre des frontières entre les autres et lui, en détaillant bien, par exemple, toutes les différences, à développer des choix par rapport à la *fusion.*
– Demandez-lui très souvent son avis pour qu'il développe davantage un *cadre de référence interne*. Demandez-lui de bien identifier ses besoins personnels.
– Faites-le travailler sur les critères « désir de plaire » et « solitude », sur ses émotions, faites-lui découvrir sa *question vitale* (voir chapitre 5). Poussez-le à donner son avis. Demandez-lui de développer la croyance qu'on peut l'aimer pour ce qu'il est.

Pour aider un TROIS à évoluer

– Faites-lui ralentir son tempo.
– Faites-lui *prendre conscience* des signaux kinesthésiques qui se manifestent lorsqu'il est fatigué.
– Aidez-le à développer des *processus internes*, par exemple par la pratique de la relaxation, du jogging, du jardinage et toutes activités où l'on peut agir et penser en même temps.
– Faites-lui prendre conscience de ses représentations internes. Faites-lui décrire les images qu'il se fait dans la tête, avec toutes les sous-modalités visuelles et auditives.
– Faites-lui développer d'autres *tris*, *informations* et *personnes* notamment.
– Demandez-lui de s'entraîner à être plus *réceptif* et à en voir et ressentir tous les aspects positifs.
– Aidez-le à développer la croyance qu'on peut l'aimer pour ce qu'il est et non pour ce qu'il a fait, ce qu'il fait ou ce qu'il va faire.

Pour aider un QUATRE *à évoluer*

– Demandez-lui de *s'orienter* plus souvent vers le *présent,* à en voir et ressentir tous les avantages.
– Faites-lui apprécier ce qu'il a déjà et qui est désirable pour vous et tous les autres. En un mot, aidez-le à s'accepter.
– Faites-lui abandonner sa grande quête d'idéal absolu. Apprenez-lui à être réaliste sur lui-même, son corps, ses capacités, à faire la différence entre la réalité et ses émotions idéalisées, à se sentir à l'aise même quand il n'est pas le centre de l'attention. Poussez-le à s'entraîner à un effort physique régulier et à utiliser celui-ci pour changer d'humeur. Quand une saute d'humeur arrive, dirigez son attention sur le présent et sur les autres.
– Apprenez-lui à développer des *objectifs* réalistes et exprimés avec les critères de la PNL. Puis, faites-lui visualiser et *ancrer* ces objectifs.
– Faites-le travailler sur son critère « être spécial, exceptionnel ».
– Faites-lui accomplir un *travail de deuil* par rapport aux ruptures de son enfance.

Pour aider un CINQ *à évoluer*

– Apprenez-lui à s'associer quand il se fait des images, c'est-à-dire ne pas se voir dans l'image, mais être l'acteur.
– Aidez-le à développer un *tri activité* et, surtout, un *tri personnes.*
– Apprenez-lui à apprivoiser ses émotions et à les exprimer. Le travail sur la « question vitale » est, pour un CINQ, un travail très salutaire.
– Donnez-lui des *objectifs* et aidez-le à maintenir le cap.
– Faites-le travailler sur son critère « envahissement » et faites-lui remettre en cause sa pratique du retrait comme moyen de contrôle accompagné du sentiment de se sentir supérieur à ce moment-là.
– Demandez-lui de prendre l'initiative de projets, dans des domaines qu'il connaît bien. Enfin, demandez-lui d'accepter de ne pas savoir quelque chose et de prendre en compte les besoins et les désirs des autres. S'il lui arrive de vivre de façon très spartiate, mettez-le en situation de prendre du plaisir dans la vie.

Pour aider un SIX *à évoluer*

– Demandez-lui de se fixer des *objectifs*, plutôt que de douter de lui-même.

- Faites-lui rechercher et ancrer des ressources. Apprenez-lui à vérifier ses intuitions. En lui faisant vivre de telles situations, faites-lui prendre conscience que faire équipe avec des gens qu'il juge moins compétents ou moins dignes de confiance, peut cependant l'aider à avancer.
- Traquez ses lectures de pensée, tout en gardant un excellent rapport, ce qui n'est pas facile ! Faites-lui confronter ses inquiétudes aux faits observables. Montrez-lui qu'il se rappelle davantage ses souvenirs négatifs que les autres.
- Aidez-le à développer la *direction vers* et à *s'impliquer* de manière plus *active*.
- Faites-le travailler sur le critère « confiance ».

Pour aider un SEPT *à évoluer*

- Demandez-lui de ralentir le tempo, de passer du temps sur toutes les choses qui en valent la peine et faites-le entrer en contact et accepter davantage ses émotions négatives. Que peuvent-elles lui apprendre ?
- Apprenez-lui à *s'orienter* plus souvent dans les temps *présent* ; et *passé.*
- Pour qu'il s'engage davantage, demandez-lui de développer du *tri personnes.*
- Remettez en cause sa croyance que s'impliquer est un piège. Faites-lui prendre conscience de sa fuite permanente devant une peur latente mais omniprésente.
- Faites-le travailler sur le critère « choix ».

Pour aider un HUIT *à évoluer*

- Entraînez-le à développer du *tri personnes.* Aidez-le à prendre conscience que les gens n'appartiennent pas soit à la catégorie amie, soit à la catégorie ennemie.
- De manière générale aidez-le à être moins polaire : il n'y a pas que du blanc et du noir. Entre les deux, il y a toute une variété de gris... et même des couleurs !
- Apprenez-lui à exprimer l'ensemble de ses émotions et à retarder l'expression de la colère. Si vous ne craignez pas trop ses colères et si vous arrivez à maintenir un bon rapport, faites-lui reconnaître qu'il se met quelquefois en situation de refus de la réalité

et qu'il serait préférable qu'il change sa perception plutôt que de manipuler la réalité et les autres.
- Faites-lui développer le programme *implication réceptive.*
- Faites-le travailler sur le critère « force ». Faites-lui prendre conscience que la véritable force consiste à oser montrer ses faiblesses et que « plus » n'est pas forcément « mieux ».

Pour aider un NEUF *à évoluer*

- Faites-lui mettre des frontières entre les autres et lui-même, prendre conscience de ses besoins et les lui faire exprimer.
- Aidez-le à définir des priorités et à se décider. Pour cela, faites-lui travailler sur ses *objectifs* : les exprimer en termes PNL, les visualiser et les placer sur *sa ligne du temps.*
- Veillez à ce qu'il termine chaque projet.
- Aidez-le à *s'impliquer* de manière plus *active*, à développer du *tri activités* adapté à ses objectifs et une plus grande capacité à dire non, à avoir une meilleure discipline personnelle.
- Remettez en cause sa croyance qu'il y a du bon en tout et que tout le monde est gentil.
- Faites-le travailler sur le critère « conflits » et sur la représentation des aspects néfastes et utiles liés à ce critère.

Conclusion

« Chacun est le prêtre
de sa propre existence. »
Yves Congar, dominicain

Construire sa personnalité, c'est accéder au maximum d'autonomie possible, en fonction de ses possibilités. Et il y a des temps pour cela. Savoir marcher s'acquiert vers un an. Il ne sert à rien d'anticiper, mais il est plus difficile d'apprendre après, quelquefois impossible. Il en est de même pour l'acquisition du langage, de la propreté, de l'utilisation des couverts à table, de l'apprentissage de l'écriture, du calcul, etc. Tous ces apprentissages ont constitué des étapes décisives.

En même temps que s'est développée notre autonomie, nous avons pris confiance en nous-mêmes, plus ou moins vite, selon notre mode de vie sociale, l'ambiance familiale, la façon dont le pouvoir y était exercé, dont les peurs y étaient assumées. Le degré de confiance en soi dépend des conditions favorables ou non de notre enfance, des rapports satisfaisants ou non avec nos proches. Ainsi sont nés nos défenses et le choix d'une base de l'ennéagramme. Un adulte qui a confiance en lui sait dire : « Ceci je sais faire. Cela je ne sais pas, mais je peux trouver des solutions en demandant à d'autres de m'aider. » Pour cela, il doit ouvrir son champ de conscience.

Ouvrir son champ de conscience, c'est reconnaître et accepter ses limites. C'est aussi chercher à les dépasser. C'est souhaiter connaître des expériences initiatiques jusqu'au dernier jour : faire le grand voyage en Chine dont on rêve depuis toujours, écrire un livre, passer une maîtrise universitaire ou un doctorat, fonder une association ou une société, apprendre à jouer du violon, à dessiner ou à peindre, etc. Ouvrir son champ de conscience, c'est développer une certaine sérénité sur soi, sur ses limites et sur son potentiel. C'est aussi ne pas confondre ce qu'on sait ou ce qu'on sait faire avec qui on est.

Depuis la séparation originelle, un enfant, un adolescent, un adulte a été marqué par des ruptures, des renoncements, des deuils. Le monde professionnel apporte un lot croissant de changements de métier, de déménagements, de mutations, de pertes d'emploi. Si nous passons à côté des apports et des pertes de notre jeunesse, comment assumerons-nous celles-là ?

Ni caméléon, ni narcisse, devenir soi-même avec ses acquis et ses manques, ses blessures et ses certitudes, ses croyances et ses doutes. Sans jamais se départir de l'écoute active et de la curiosité. Être au clair avec l'idéal que l'on veut pour soi et devenir progressivement cet idéal. Sans précipiter les choses. À force d'ouverture aux autres et de lucidité sur soi-même, s'établit une *congruence* entre ce que les autres pensent et disent de nous et ce que nous en pensons nous-mêmes. Nous devenons alors notre meilleur allié.

Nous avons confiance en nous, parce que :

- nous sommes attentifs à nos émotions et les recevons comme des messagers,
- nous savons discerner nos points forts et nos points faibles et utiliser les uns et les autres comme des atouts,
- nous savons dialoguer avec chacune de nos *parties*, pour faire l'unité en nous-mêmes,
- nous savons prédire la plupart de nos comportements dans les circonstances courantes et nous sommes rarement pris de court,
- nous avons des choix parce que nous disposons d'au moins trois solutions immédiatement disponibles et nous pouvons facilement en choisir une qui soit efficace,
- nous sommes conscients de nos *critères* et de nos *stratégies* de sélection, de décision, d'ajournement, de refus et nous sommes transparents, à ce sujet, à l'égard de nos proches,
- nous prenons des risques et nous ne le regrettons pas en cas d'échec, car nous savons que l'échec n'est qu'une somme d'erreurs à réparer et que nous apprenons encore plus de nos erreurs que de nos réussites.

Si nous sommes en route pour ce niveau d'autonomie et de *flexibilité* qui caractérise un adulte, alors nous pouvons aider les autres, à condition, bien sûr, qu'ils le souhaitent. Et, pour cela, programmation neurolinguistique et ennéagramme sont vraiment de merveilleux outils.

Lexique

Ancrage : association programmée d'un *stimulus* externe et d'un comportement ou d'un *état interne*, qui en découle de manière automatique. La technique de *l'ancrage* permet de reproduire rapidement la réaction désirée, à volonté ou de manière automatique, dès la manifestation du stimulus (voir p. 53, 58, 59, 154, 178, 192, 193).

Auditif (A) : tout ce qui est perceptible par l'oreille. On dit de quelqu'un qu'il est *auditif dominant,* lorsque celui-ci privilégie le canal auditif pour traiter les informations (voir p. 38, 39, 147 et 148).

Cadre de référence : pour évaluer une information, certains recherchent des références dans leur environnement : avis d'amis, opinion commune, dernière mode, etc. On dit qu'ils ont un *cadre de référence externe.* D'autres recherchent en eux-mêmes une référence qui les convainc. On dit qu'ils ont un *cadre de référence interne* (voir p. 45, 46, 64, 71, 112, 129 à 132, 149, 152, 155, 166, 168, 181, 185, 191).

Cadre du temps : *métaprogrammes* du temps (*orientation* passé, présent ou futur, *déplacement dans le temps* ou *vécu de l'instant*, *subordination* au passé, au présent ou au futur) utilisés en la circonstance (voir p. 52 à 54, 65 à 70, 87 et 88, 118 à 122, 148 et 150).

Centrer (se) sur l'autre (on dit quelquefois *trier sur l'autre*) : être essentiellement motivé et concerné par l'expérience de l'autre (voir p. 31, 38, 127).

Centrer (se) sur soi (on dit quelquefois *trier sur soi)* : être essentiellement motivé et concerné par soi-même, ses propres besoins, ses propres désirs (voir p. 31, 38).

Cerveau droit, cerveau gauche : les deux hémisphères de notre cerveau ne remplissent pas le même rôle. Pour la plupart des gens, l'hémisphère gauche analyse les changements rapides et prend l'initiative pour tout ce qui est auditif et lié au temps (on dit qu'il est *audiotemporel*). L'hémisphère droit traite les choses plus globalement et prend l'initiative pour tout ce qui est visuel et dans l'espace (on dit qu'il est *visuospatial*) (voir p. 12, 13, 146).

Cerveau primitif (ou reptilien) : partie primitive du cerveau qui gère les programmes innés de survie, immuables et insensibles aux expériences vécues. Cette partie comporte, notamment, le tronc cérébral et la formation réticulaire (voir p. 6, 7 et 8, 18).

Cœur (fonctionnement) : privilégier ce mode de fonctionnement, c'est donner la priorité au relationnel, c'est communiquer (pratiquer *l'écoute active* et s'enrichir au contact de ses relations, faire passer des messages et en recevoir) ou, au contraire, méditer (prendre du recul pour digérer les apports précédents et/ou se préparer à d'autres rencontres) (voir p. 17, 19, 99, 100, 111 à 113, 150, 170 à 176).

Comportement externe (CE) : ce qu'une personne fait et que les autres peuvent observer : les postures, les mouvements du corps, la respiration, les gestes, les mimiques, la coloration du visage, ce qu'elle dit, le ton de sa voix, etc. (voir p. 29 et 30, 72, 129 à 132, 139).

Compulsion : besoin effréné, conscient ou non, d'agir ou de se comporter de telle manière (voir p. 91, 98, 183).

Congruence : concordance observable entre ce qu'une personne dit et la manière dont elle pense (mouvements des yeux) ainsi que ses comportements. Une personne paraît incongruente, par exemple, lorsqu'elle dit « oui » tout en faisant non avec la tête (voir p. 32, 196).

Conscience externe : conscience orientée vers la prise d'information venant de l'extérieur. Processus internes et états internes deviennent alors inconscients (voir p. 29 et 30, 38).

Conscience interne : conscience orientée vers le traitement de l'information (processus internes) ou vers les émotions ressenties (états internes). Quand on est en *conscience interne*, la prise d'information extérieure est totalement inconsciente (voir p. 29 et 30, 38, 132).

Corps (fonctionnement) ou tripes ou viscères : privilégier ce mode de fonctionnement, c'est agir, réaliser de manière instinctive sous la conduite de ses pulsions (voir p. 18 à 20, 99, 100, 112, 114, 115, 150, 170 à 176).

Cortex (ou néocortex) : couche de substance grise qui se trouve à la surface des deux hémisphères cérébraux. Le cortex est le lieu de la pensée consciente, du raisonnement, de l'invention et du langage complexe qui est le propre de l'homme. Il analyse, anticipe, décide et conceptualise (voir p. 9 à 13, 17).

Critère (ou valeur) : référence qui sert à évaluer ou à porter des jugements. Un critère s'exprime sous forme d'une nominalisation ou d'un verbe non spécifique, par exemple : liberté, égalité, fraternité, se battre, se faire plaisir, etc. (voir p. 30, 46 et 47, 59, 65, 66, 68 à 70, 85, 88, 132 à 136, 150 à 152, 166, 190 à 194).

Croyance : généralisation qui structure l'expérience de la réalité. Une croyance porte sur soi ou sur les autres ou sur le monde. Toute croyance se rattache au niveau de l'identité (« je suis quelqu'un qui... »). Une croyance est inconsciente (voir p. 30, 45, 48 à 51, 83, 137 et 138, 150, 166, 192 à 194).

Découpage ou taille de découpage (*chunk size*) : *métaprogramme* de tri et de traitement de l'information. On peut découper large ou globalement (exemple : « j'ai bien travaillé aujourd'hui »). On peut découper petit, en s'intéressant aux détails (exemple : « aujourd'hui à 8 h 02, j'ai..., puis à 8 h 10, j'ai commencé à... », etc.). On peut faire un découpage latéral (exemple : « aujourd'hui j'ai été une vraie bête de somme ») (voir p. 41, 65, 67, 129 à 132, 148, 190 à 194).

Dialogue interne : le dialogue interne (codé A^{d}_{i}) est une représentation auditive d'une voix interne qui nous parle. Ce peut être notre propre voix ou celle d'une autre personne (voir p. 30, 33).

Différencier : voir Identifier.

Direction (ou orientation) vers... ou loin de... : *métaprogramme* de traitement de l'information qui oriente l'énergie. Si une personne envisage d'abord les avantages d'une nouvelle situation possible, elle dirige toute son énergie vers l'action qui lui permettra de l'obtenir. On dit qu'elle utilise le programme *vers...*, ou qu'elle est *orientée vers...* Si elle envisage d'abord tous les inconvénients de sa situation actuelle, elle dirige toute son énergie pour éviter son état actuel. On dit qu'elle utilise le programme *loin de...*, ou qu'elle est *orientée loin de...* Dans les deux cas, le but est le changement (voir p. 44, 47, 129 à 131, 149, 155, 166, 168, 190, 193).

Émotion : nom que l'on donne à un ensemble de *sensations*. C'est une interprétation, une étiquette mise sur ce qui est perçu par l'un et/ou l'autre de nos sens (voir p. 55 à 72, 138 à 141, 187, 190, 192).

État interne (EI): ensemble des perceptions, des émotions et des sensations ressenties. Exemples : tension, sérénité, concentration, joie, etc. (voir p. 56, 129 à 131, 141).

Filtre principal : voir *Tri primaire*.

Flexibilité : capacité à varier son fonctionnement en fonction de l'objectif fixé et de l'interlocuteur. On peut être flexible dans ses perceptions (changement de registre de perception ou de tri), dans ses processus de pensée (changement de stratégie), dans ses comportements externes (changement de programme) et/ou dans son langage (voir p. 42, 43, 176, 196).

Fusionner : gommer les frontières entre soi et l'autre, perdre sa propre identité. Cette situation peut arriver, au cours des exercices d'entraînement PNL, lorsqu'on se synchronise sur la posture, le non-verbal, les mots, les processus internes de son interlocuteur, et qu'on s'associe tellement qu'on prend l'état interne de celui-ci (voir p. 109, 129, 131, 132, 185, 191).

Généralisation : opération qui consiste à étendre une ou plusieurs expériences particulières à... un ensemble plus large dont ces expériences ne sont que des éléments. Exemple : « Les femmes conduisent mal » (voir p. 37, 43, 46, 47, 139).

Hémisphère gauche, hémisphère droit : voir Cerveau gauche, cerveau droit.

Identifier ou différencier (*to match, to mismatch*) : *métaprogramme* de traitement de l'information qui résulte de la comparaison d'une nouvelle information à d'autres déjà enregistrées. Si cette information est d'abord perçue comme semblable à d'autres, elle conduit à une identification. Si elle est d'abord perçue comme différente, elle conduit à la différenciation (voir p. 42, 43, 58, 64 à 71, 129 à 132, 148, 153, 153, 190 à 194).

Image mentale : nous nous représentons la réalité extérieure sous forme d'images que nous nous faisons dans notre tête. Si nous nous voyons nous-même dans l'image, en train d'agir, nous sommes *dissocié.* Si nos yeux sont la caméra, nous sommes au cœur de l'action et *associé* à celle-ci (voir p. 33, 60, 65, 67, 76 à 81, 86 à 90, 190, 191).

Implication active ou réceptive : *métaprogramme* de traitement de l'information. Une personne est *active* si elle se sent responsable de son environnement, si elle croit provoquer les événements et agir sur le monde. Elle est *réceptive* si elle attend les événements et y réagit, si elle croit que le monde agit sur elle (voir p. 44, 65 à 71, 129 à 132, 149, 166, 186, 191, 193, 194).

Incongruence, incongruent : voir Congruence.

Index de la conscience : schéma de la PNL qui met en évidence l'interdépendance des secteurs vers lesquels est orientée la conscience. On distingue :
- les comportements externes (CE), ou ce que la personne fait,
- les processus internes (PI), ou ce que la personne pense et comment elle pense,

– les états internes (EI), ou l'état dans lequel est la personne, à ce moment-là (voir p. 29 à 31).

Instant (vivre l') ou se déplacer dans le temps (*in time, through time*) : *métaprogramme* de traitement de l'information. Lorsque le projecteur de la conscience est très étroit et dirigé vers une seule expérience, ce qui permet de la revivre avec toutes les émotions d'alors, on dit qu'on « vit l'instant ». Lorsque le pinceau du projecteur est beaucoup plus ouvert et permet de considérer, à la fois, plusieurs expériences, on dit qu'on « se déplace dans le temps » (voir p. 53, 119 à 122, 152, 154).

Kinesthésique (K) : du grec *kinêsis*, mouvement, et *èsthésis*, sensation, qui se réfère aux mouvements, aux sensations corporelles (K primaire) et, par extension, aux sentiments et aux émotions (K méta) (voir p. 38 et 39, 147 et 148).

Langage non verbal : communication qui s'exprime par le langage du corps (distance, posture, gestes, coloration et petits mouvements du visage, etc.) et le tonal de la voix (volume, hauteur, rythme, timbre, etc.) (voir p. 32).

Langage verbal : communication qui s'exprime par les mots échangés (voir p. 32).

Lecture de pensée : forme linguistique qui consiste à prêter à un interlocuteur une pensée, un état interne qu'il n'a pas nécessairement. Exemple : « Je sens bien que tu es fatiguée en ce moment, mais... » (voir p. 31, 130 à 132, 188, 193).

Ligne du temps : représentation individuelle, dans l'espace, de l'écoulement du temps (voir p. 68, 73 à 82, 194).

Limbique (système - ou cerveau -) : ensemble de structures primitives qui jouent un rôle important dans les comportements affectifs, dans les phénomènes de mémorisation et d'apprentissage et assurent l'adaptation du comportement à partir des expériences vécues. Le système limbique intervient aussi dans la création d'images mentales (voir p. 8, 11, 17, 59).

Match, mismatch (to) : verbes américains difficiles à traduire en français, voir cependant Identifier.

Méta- : préfixe très utilisé en PNL et signifiant ce qui dépasse, ce qui englobe. On utilisera le verbe *métacommenter* (voir p. 43, 130, 132), on parlera de *métaémotions* (voir p. 60), de *métaexpériences* (voir p. 57, 68), de *métamessages* (voir p. 70, 71), de *métamodèle* (voir p. 33, 138), de *métaprogrammes,* pour désigner quelque chose de plus vaste, de plus complexe que le suffixe ou le mot auquel *méta-* s'applique.

Métaprogramme : programme automatique que chacun de nous met en place inconsciemment à partir de ses expériences, depuis sa plus tendre enfance. Les *métaprogrammes* sont indispensables pour vivre, mais ils généralisent, limitent ou distordent notre perception de la réalité. Ils se détectent dans notre langage verbal et non verbal. On distingue les *métaprogrammes* de sélection de l'information (voir p. 38 à 42), de traitement de l'information (voir p. 42 à 45), d'évaluation (voir p. 45 à 51) et ceux qui sont liés au temps (voir p. 52 à 54).

Modèle du monde : représentation du monde que chacun de nous se fait à partir de son héritage génétique, de ses conditions socioculturelles, des expériences qu'il a vécues et des métaprogrammes qu'il utilise. Le modèle du monde, particulier à chacun, est en partie conscient et en partie inconscient (voir p. 31, 33, 47, 138, 139).

Nominalisation : résultat de la transformation d'un verbe en un substantif et qui fige le dynamisme de l'action en une information (voir p. 47, 132).

Objectif : but précis que se propose l'action. En PNL, un objectif doit être formulé de manière affirmative et visualisable, sous la maîtrise de la personne, situé dans un contexte précis et écologique pour l'environnement et pour la personne (voir p. 33 à 36, 192, 194).

Omission : focalisation sur certains éléments de l'expérience par suppression des autres (voir p. 37).

Opérateur modal : verbe qui modifie le sens d'un autre verbe. Par exemple, avec l'opérateur *devoir*, si je dis : « vous êtes attentifs », je constate un fait. Si j'ajoute l'opérateur, mon énoncé devient : « vous devez être attentifs. » Cela devient un ordre dissimulé. Les verbes les plus utilisés comme opérateurs modaux sont : pouvoir, devoir, falloir. Mais d'autres verbes peuvent servir à cet usage : *arriver à, faire, s'apprêter à, essayer de, etc.* On distingue souvent les opérateurs modaux d'obligation : *falloir, devoir, avoir à, etc.*, de possibilité : *pouvoir, essayer de,* etc., et d'envie ou de souhait : *vouloir, désirer,* etc. (voir p. 43 et 44, 65, 68, 129, 131, 149, 152, 191).

Orientation du temps : *métaprogramme* de traitement de l'information. Le projecteur de votre conscience peut être orienté vers des références à votre passé, vers votre environnement présent ou vers ce que vous pourrez faire dans le futur. On parle alors d'orientation du temps vers le passé, vers le présent ou vers le futur (voir p. 52, 65 à 70, 118 à 122, 192, 193).

Orientation vers ou loin : voir Direction.

Partie : une sous-personnalité considérée comme responsable d'un comportement (exemple : ma *partie* agressive ou réservée) ou d'un mode de vie (exemple : ma *partie* bohème) et ayant une identité particulière (voir p. 63, 83 à 90, 176 à 182).

Processus interne (PI) : ce qu'une personne pense et comment elle fait pour penser ainsi : ses *stratégies* de motivation, de décision, ses *programmes* de comparaison, ses *valeurs*, ses *croyances*, etc. (voir p. 30, 130, 140, 171, 173, 191).

Rapport (établir le) : mettre en place, avec un interlocuteur, un niveau de relation fondé sur la confiance et l'écoute active, même s'il y a désaccord sur le contenu de l'échange. On dit aussi *pratiquer l'écoute active* (voir p. 31, 146, 185).

Référence : voir Cadre de référence.

Registre sensoriel : voir Système de perception et de représentation.

Sensation : prise de conscience d'une modification physiologique due à une *stimulation* externe ou interne. C'est une perception-flash : « c'était un son grave et irrégulier » ou une « grande sensation de chaleur » et c'est tout ce que vous pouvez en dire (voir p. 39, 56 et 57).

Sous-modalité (ou submodalité) : composante spécifique d'une expérience sensorielle. On distingue les sous-modalités *visuelles* : film ou diapositive, contenu fixe ou en mouvement, image panoramique ou encadrée, en deux ou trois dimensions, etc., les sous-modalités *auditives* : volume, tempo, rythme, inflexions, etc. et les sous-modalités *kinesthésiques* : température, humidité, texture, pression, emplacement de la sensation, etc. (voir p. 52, 77 à 82, 191).

Subordination du temps : *métaprogramme* de traitement de l'information. L'une des trois composantes du temps, passé, présent ou futur, peut motiver l'action ou le comportement au point d'occulter les deux autres. On dit alors qu'il y a subordination du temps à cette composante privilégiée (voir p. 53, 118 à 122).

Synchronisation : technique qui consiste à s'adapter à certains comportements verbaux et non verbaux de l'interlocuteur, afin d'établir un bon rapport, de façon rapide et efficace (voir p. 33).

Système de perception et de représentation : organisation, dans le cerveau, des informations transmises par les sens. Nous reconstruisons la réalité extérieure sous forme d'images (registre V, comme visuel), de sons (registre A, comme auditif), de sensations (registre K, comme kinesthésique), d'odeurs (registre O, comme olfactif) et de goût (registre G, comme gustatif). Le système de représentation est symbolisé, en PNL, par : < VAKOG > ou < VAK >, selon qu'on distingue ou non, le goût et l'odorat par rapport au kinesthésique (voir p. 38 et 39, 56 et 57, 147 et 148, 178, 191).

Taille de découpage : voir Découpage.

Temps (se déplacer dans le) : voir Instant (vivre l').

Tête (fonctionnement de la) : ce fonctionnement est assimilable à un *métaprogramme* d'évaluation. Privilégier ce mode de fonctionnement, c'est donner la priorité à l'intellect, aux concepts, aux rêves, à la créativité ou aux valeurs spirituelles. C'est analyser, élaborer des stratégies, si vous êtes *cerveau gauche*. C'est inventer, lancer des idées nouvelles, si vous êtes *cerveau droit* (voir p. 16, 19, 99 et 100, 111 à 114, 150, 170 à 176).

Tri primaire (ou filtre principal) : *métaprogramme* de tri de l'information qui fait privilégier, au cours de la prise d'information, une ou deux des quatre catégories suivantes : activités, personnes, informations ou lieux (voir p. 39 à 41, 64 à 70, 129 à 132, 146, 152, 168, 184 à 194).

Valeur : voir Critère.

Verbal et non verbal : voir Langage.

Bibliographie

BANDLER R. et GRINDER J., *Les secrets de la communication - Changer sans douleur*, Ed. Le Jour, 1982.

BEESING M., NOGOSEK R., O'LEARY P., *L'ennéagramme, un itinéraire de la vie intérieure*, Desclée de Brouwer, 1992.

CHABREUIL F. et CHABREUIL P., *L'ennéagramme, dynamique de connaissance et d'évolution*, Ed. Carthame, 1994.

CHALVIN D., *Utiliser tout son cerveau, de nouvelles voies pour accroître son potentiel de réussite*, Ed. ESF, 4e édition, 1991.

DUBOS V., *Les émotions, comment s'en faire des alliés avec les outils de la PNL*, Ed. ESF, 1993.

LABORIT H., *La légende des comportements*, Ed. Flammarion, 1994.

LONGIN P., *Agir en leader avec la programmation neurolinguistique*, Ed. Dunod, 1993.

MACLEAN P.D. et GUYOT R., *Les trois cerveaux de l'homme*, Ed. Robert Laffont, 1990.

SAINT-PAUL (DE) J., *Choisir sa vie, découvrir et réaliser ses valeurs et ses buts de vie avec la programmation neurolinguistique*, InterEditions, 1993.

STEDI, 1, boulevard Ney, 75018 Paris - Tél. 01.40.38.65.40
Dépôt légal, Imprimeur, n° 5201
Dépôt légal : juillet 1997
Imprimé en France
Dépôt légal 1re édition : 4e trimestre 1995